チョプラ博士のリーダーシップ7つの法則

〝圧倒的な存在〟になれる人はどこが違うか？

ディーパック・チョプラ 著
渡邊愛子 監訳　濱田真由美 訳

大和出版

序章

魂のリーダーシップとは何か？

よりよいビジョンを示し、成果を出す

第一章

LOOK AND LISTEN

「見ること」と「聴くこと」の法則

ビジョンの実現はここから始まる

第二章

EMOTIONAL BONDING

「心の絆」の法則

こうして人は、あなたについていきたいと願う

第三章

AWARENESS

意識の法則

変革を起こす力の源

第四章

DOING 行動の法則

ビジョンを実践するたった一つの方法

第五章

EMPOWERMENT

権限委譲の法則

権力の「影」を超えるヒント

光と影を一つにする純粋な権力　181

一人ひとりの〝強み〟を探そう　191

第六章

RESPONSIBILITY
責任の法則
あなたの進化が周りの進化を引き起こす

第七章

SYNCHRONICITY

シンクロニシティの法則

ちょうどよい時にちょうどよい場所に導く

本文デザイン／齋藤知恵子（sacco）

序章

魂のリーダーシップとは何か？

よりよいビジョンを示し、成果を出す

リーダーシップは人生において最も重要な選択だ。
それは闇から抜け出して光へと向かう決断である。

求められている魂からの導き

今ほど高次元のリーダーシップが必要とされている時代はありません。このセリフは確かにどの時代でもいわれてきました。しかし二〇一〇年代に入り、私たち人間は生命を支える環境をやみくもに破壊し、自分たちにまで恐ろしい脅威をもたらしています。もうこれ以上、政府や他の誰かに頼り、この時代が抱える大問題に対する答えを求めることはできないでしょう。たとえ自分自身に頼るとしても、絶え間ないエゴの要求、論理、理性を超えて、内面にある平穏な場所、すなわち魂の領域に進まなければならないのです。

まず、人生の意味を問う基本的な自問をすることから始めてみましょう。「私は誰?」「なぜここにいるのだろう?」「人生の目的を達成し、世の中に影響を与えるために、かすかに囁きかけてくるような魂の要求をどう感じ取ればいいのだろう?」これらの自問にできる限り答えを出すには、私たち一人ひとりがリーダーシップを取っていかなければなりません。**まず自分の人生に責任を取ります。次に職場、家庭や、様々な場所で出会う人た**

ちとの交流に責任を取るのです。魂からの導きに従っていくと、そのうち人があなたに指導を仰ぐようになるでしょう。尊厳をもって人々を扱い、高次元の欲求に上手に対応できる、あなたの能力に惹きつけられるのです。

この本の目的は、単なるリーダーではなく、内側から湧きおこるビジョンに啓発されたリーダーになるためのスキルと見識をすべての人に提供することです。一番深いレベルでは、リーダーはそのグループの象徴的な魂なのです。リーダーの役割とは、他の人々の欲求を満たすことです。欲求を満たすごとに、より高い欲求を達成するためにグループを導き、各段階でグループの潜在力を引き上げていくのです。啓発されたリーダーのパワーの基盤は、他の人々からではなく、リーダー自身の存在の奥深いところに根ざしています。リーダーが歩む道は魂に導かれています。その特徴は創造力、知性、組織力、そして愛です。

魂をもつ人は誰もが——私の定義では私たち全員のことですが——啓発されたリーダーになる潜在力をもっています。**魂の無限の叡智を引き出すためにあなたの内面が変わると、あなたに従う人を探さずとも自然にリーダーになります**。よりよい世界になるためのビジョンを目に見える形で示すだけで、あなたはリーダーとなるのです。この本を読み、数多くの読者が自分の素晴らしさを発見し、行動に移すことを切に願っています。読者の中から多くの人が有名になるかもしれません。そしてさらに多くの人が職場、家庭、コミュニティでリーダーシップを発揮していくでしょう。その場所がどこであっても、この時代が要求していることは魂から導くことだということに、疑いの余地はありません。

伝統的に「偉大なリーダー」と思われてきた人物のタイプ

この本を読み進めていくうちに、私が伝えようとしているリーダーシップはこれまで定義されてきたものと違うことがわかるでしょう。古い定義では、リーダーシップは少数の人に限られたものです。グループでリーダーに選ばれる人は、最も人気があり自信があるか、あるいは冷酷な人物として際立っているかもしれません。これらの基準では誰もがリーダーにはなれるわけではありません。力があり冷酷な人物が世界の舞台に登場すると、王、将官、専制君主、独裁者、権力主義的な総理大臣や大統領が頂点に立ちます。個人のカリスマに運命のオーラが輝き、歴史が歪められ、神話が創りだされます。しかし、これは誤ったリーダーシップなのです。権力主義的なリーダーは、従う人々の人生をよりよいものにするわけではありません。このようなリーダーシップは不幸、争い、そして抑圧をもたらすでしょう。古いリーダーシップでは権力が称えられ、乱用されてきたのです。

これまでのリーダーは、どのような行動をとるか予測不可能で当てにならない人物でした。また、偉大なリーダーが権力階級から現れることはほとんどありませんでした。このため、私たちは、何か見えない力が偉大なリーダーの基準を決めていると信じるようになってしまったのです。しかし、これも単なる思い込みです。内側から湧きおこるビジョンに啓発されたリーダーの基準は謎に包まれている必要はないのです。実際はとても単純です。偉大なリーダーとは、ビジョン、創造力、そして導く人たちと一体感をもって、より高い精神レベルから自分と他者の欲求に応えることができる人のことなのです。

魂のビジョンを世界に顕現させよう

あなたはそのような偉大なリーダーになれます。道は開かれているのです。唯一必要なことは、自分自身の内なる導きに耳を傾けることです。一度この道を進み始めると、あなたは明確なビジョンをもったリーダー（ビジョナリー）になるでしょう。**ビジョナリーは自分のビジョンを世の中に示します。深く静かな意識の領域に蒔かれた見えない種が、形のある、目に見える現実となっていきます**。そして、情熱とエネルギーでビジョンをさらに育てていくのです。やがて、あなたの目的は誰の目にも明らかになります。あなたが達成した成果は、すべての人――自分自身、あなたが導くグループ、そして世界全体――のためになるでしょう。世界中で環境破壊が進む中で、あなたが達成することは環境を破壊せずに維持できるものでなければなりません。そのためには意識の支援が必要です。これが、魂から導く未来のビジョンの本質的なところなのです。

私が「魂」という言葉を使う時、特定の宗教で定義されている魂のことをいっているわけではありません。ただ、どの偉大なスピリチュアルの伝統も魂の存在を認めています。魂というのは、意識の根底にある普遍の領域が表現されたもののことです。あなたの意識、すなわち魂は、広大な海における波のようなものです。海から一瞬現れ、またそこに戻っていく唯一無二の存在なのです。魂のレベルでは、あなたは宇宙――すべての物質とエネルギーが生まれる静寂な領域――と完全につながっているのです。

そういう意味では、魂に何かを生み出すために必要な創造力、知性、組織力、愛という性質があるのは当然のことです。もしこの概念を受け入れるのが難しいなら、地球上での古い生き方は限界に達し、何か新しいことに挑戦する時代がやってきた、と考えてもいいでしょう。**この本で私が説明しているやり方で魂にリーダーシップを求め、創造力、知性、組織力、愛を、自分の人生やより大きな世界で高めることができるかどうかは、自分の魂の力を信用するかどうかで選択できます。**あなたの新しい在り方を表現するのに魂という言葉を使わなかったにしても、あなたに関わり、あなたと世界を共有しているすべての人々は、その新しい選択をありがたく感じることでしょう。

前進するための地図——導くための七つのポイント

リーダーシップは進化する旅です。あなたの行く手に待ち受けている思わぬ展開や曲がり角は予測できません。しかし、地図を手にすることはできます。これからその地図となる七つの法則を説明します。

まず、魂から導くということの根本的意味を、「L-E-A-D-E-R-S」というわかりやすい頭文字で表しました。一つひとつの文字が、あなたのビジョンを明確にし、実現に導くための重要項目を表しています。

L = Look and listen（「見ること」と「聴くこと」）

まず感覚を使います。先入観なしで観察し、前もって判断はしないでください。次に心を使い、自分の正直な感情に従って見て聴きます。最後に魂を使います。魂がもたらすビジョンと深い目的に注意を向けてみます。

E = Emotional bonding（心の絆）

魂から導くということは、危機的な状態でメロドラマを演じるような情緒的な言動を超えることです。自分の中毒的な感情を認識して取り除くことによって、自分と人の具体的な欲求をはっきり理解できるようになります。

A ＝ Awareness（意識）

これはあらゆる課題に潜んでいる次の質問に気づくことです。「私は誰？」「私は何を望んでいるのだろう？」「この状況は何を必要としているのだろう？」リーダーはいつもこれらの質問を自問し続け、チームの人たちにも同じ問いかけをするよう促さなくてはいけません。

D ＝ Doing（行動）

リーダーは行動指向的でなくてはなりません。何をするにしても模範的な人物としての役割を果たし、自分がした約束に責任をもたなくてはなりません。そのためには忍耐と粘り強さが必要ですが、また同時に、どんな状況も柔軟性とユーモアをもって捉えることができる能力も必要です。

E ＝ Empowerment（権限）

魂のパワーは、人からの意見には対応しても、人からの評判には（よきにつけ悪しきにつけ）左右されないという自己認識からくるものです。権限とは自分本意なものではなく、リーダーとチームの地位を共に高めていきます。

R＝Responsibility（責任）

責任あるリーダーシップとは、リスクを取る際には無謀ではなく、よく考え抜いて選択し、言動を一致させ、高潔さを保ち、内面の価値観に従うことです。魂レベルから見た場合、リーダーの最大の責任は、グループをより高い意識へと導くことです。

S＝Synchronicity（シンクロニシティ）

これは偉大なリーダーなら誰もが利用している神秘的な部分であり、意識の根底にある普遍の領域からくるものです。シンクロニシティは幸運を呼び寄せ、目に見えない支援を得る能力です。予想される結果をはるかに超え、高い段階へリーダーを導いてくれます。スピリチュアルな観点では、シンクロニシティとは、あらゆる欲求に対する答えを魂から引き出す究極の能力のことです。

ただ存在するだけで啓発するリーダー——なぜ魂なのか？

最後の章は学んだことの簡単な要約となっています。魂に従ってリーダーシップを取り、大きな進歩が現れた時に、簡単に気づくことができるように説明してあります。

一般人の中からリーダーはどのように出現するのでしょうか？ どのようなグループでも、グループ共通の目標に導くリーダーが自然に生まれてきます。失敗するリーダーもいれば成功するリーダーもいます。誤った戦略やリーダーの役割に対する過剰なストレスで、身を滅ぼすリーダーもいます。危機的な状況に陥ると、私たちは偉大なリーダーを強く求めます。しかし、偉大なリーダーなど現れることはない、という怖れがいつもあるため、現代社会では「リーダーシップ不在」が慢性的な問題となってしまっています。

魂のより深い現実において、機能不全の家族、ビジョンのない会社、新しい段階の自由に向けて奮闘している国家が必要としているのは、人々の中に隠れている精神的な原動力やニーズに応えることなのです。このことがわかると、数えきれないほど多くのリーダーが偉大さの最高レベルに達することができます。**トップまで上り詰める戦略を必要とせず、ただ存在するだけで、他者を啓発するリーダーシップを確立できるのです**。あなたが偉大な潜在力を開花させると、同じ潜在力を他の人にも開花させてあげることができます。つまり、人は自然にあなたに指導とリーダーシップを仰ぐようになります。そしていつの日か、その人たちが他の人たちにも、同様のリーダーシップを提供することができるようになるのです。

私たちの魂は、絶えず最高のインスピレーションを与えてくれています。頭で考えると無秩序に思えることでも、魂はその根底に秩序があることがわかっていて、秩序を見つけてくれます。魂の静かな叡智に助けを求めるまでは、新しい課題に対処する際も、古い習慣や答えに頼ってしまうでしょう。無意味な争いや混乱にもはまりこんでしまいます。**しかし、魂のことを理解し活用しだすと、誰かしら助け舟が現れ、霧の中から抜け出すことができるのです**。マハトマ・ガンジー、マザー・テレサ、ネルソン・マンデラのような、神話のように崇められている人たちも、魂の気づきに基づいて旅を始めました。魂に気づき、叡智の源にふれたのです。叡智の源は歴史を超えていつも存在しており、私たち全員に与えられているものなのです。

低次の欲求から高次の欲求へ

どんなグループにおいてもメンバーは人生における二つの基本テーマ――欲求と対応――を表現しています。自分自身をはっきり見ることができれば、毎日、以下のことに気づくでしょう。

1. 食べ物や住居といった基本的欲求から、自尊心、愛、崇高な意義、という高次な欲求まで、私たちは何かを求めています。

2. 争いや競争から、創造的発見や神聖なインスピレーションまで、それぞれの欲求を満たす対応があります。

この欲求と対応という二つのテーマが私たちの内側と外側の世界を支配しています。この二つのテーマは何よりも影響力があり、魂の働きと同様に、でたらめではありません。欲求と対応は自然なかたちで体系化することができ、低次から高次へ進みます（ドイツの劇作家、ベルトルト・ブレヒトは「おなかがいっぱいになるまでは私の魂に話しかけるな」と述べました）。この下から上に順に上がっていく階層は、欲求段階説として知られています。リーダーとして、対応の段階に気づいていれば、グループの欲求が基本的な段階から崇高な段階に上がっていく時に、効果的な対応をし続けることができるでしょう。これが、リーダーができる最もパワフルなことなのです。

例えば、ファシズム、宗教原理主義、民族国家主義などの急進的な社会運動の勃発は、グループの最も未発達段階の対応である「恐怖」に基づいています。これは「生存」という最も初期段階の欲求に対応しているのです。経済不況、社会の移行、競争勢力などの外部からの圧力によっても、この欲求は引き起こされます。チェコの詩人、ヴァーツラフ・ハヴェルは共産主義の崩壊後、新しい共和国の大統領になりました。彼は国民の基本的欲求である「安全」をまず満たしてから、長年にわたって抑圧されてきた「統合」や「自尊心」といった、より高次の欲求に取り組みました。マーティン・ルーサー・キング・ジュニアは弾圧された少数民族に、生存の欲求を超えて「尊厳」と「崇高な目的」という、より高次の欲求を達成する機会を提供したのです。彼が提供したのは大きな変革でした。仏陀とキリストが信者に提供したのは最高段階の欲求、すなわち「統合」という普遍の欲求を満たす機会だったのです。

これらの偉大なリーダーの例を見てみると、魂からの導きは神秘的でも抽象的でもないことがわかるでしょう。**啓発されたリーダーシップを使うと、真の欲求に対して真の対応をすることができます。これは学ぶことができるスキルであり、あなたにも私にもできるのです**。グループメンバーの人生の外面と内面の欲求をすべての段階で満たすことができ、同じ認識を家族、コミュニティ、会社に当てはめることができます。魂というより深い現実では、リーダーと従う人たちはお互いを共同で創りあげていきます。目に見えない精神的な絆を一緒に築きあげているのです。リーダーは、従う人たちが切望している価値を具体化するために存在し、従う人たちは自分の内側からリーダーのビジョンに加勢するために存在しているのです。

意識を拡大していくと、宇宙が後押ししてくれる

リーダーが始める旅は、意識の拡大の旅です。魂そのものは完全な意識をもっており、すべての状況を認識しています。その認識はあなたにも利用可能なものなのですが、普段は心の内面に障害があるため利用できていません。私たちは、偏見や制限に影響され、自分が見たいようにしか物事を見ていないのです。本書を通してあなたの内側から湧きおこるビジョンに啓発されたリーダーシップに向かう中で、これらの障害を取り除く方法を学ぶでしょう。それができるようになると、魂が道を開いてくれるようになり、以前は難しかったことが努力なくできるようになります。あなたのビジョンやこれから進む道がさらにはっきりしてきます。そして、明確なビジョンをもったリーダーシップの核である創造力、知性、組織力、そして愛を、宇宙が提供してくれるようになるでしょう。

第一章

LOOK AND LISTEN

「見ること」と「聴くこと」の法則

ビジョンの実現はここから始まる

偉大なリーダーはビジョンをもっており、ビジョンを明確に示す能力があります。自分のビジョンを明確にするには、まず「見ること」と「聴くこと」から始めます。

自分の周りの状況だけでなく、自分の内面も見て聴くのです。これには四つの段階があります。

1. 偏見のない観察――感覚を使って見て聴くこと
2. 分析――頭を使って見て聴くこと
3. 気持ち――心を使って見て聴くこと
4. 思案――魂を使って見て聴くこと

この四つの段階を経ると、個人的ビジョンが明らかになってくるでしょう。

深いレベルの「見ること」と「聴くこと」

「私のビジョンは何か？　どうやって実現するか？」

あなたがキャリアをスタートする際にもっているとよい最高の特質は、情熱、核となる価値（コアバリュー）、そして目的に対する専念です。これらの要素からビジョンが生まれるのです。明確なビジョンをもっていて、人々にやる気を出させることに突出したリーダーたちは皆、初めから情熱と大局的視点をもっていたことがわかります。心で深く感じた目的に専念したのです。絶対にあきらめないというコアバリューをもっていました。自分の中の偉大さを見つけるためには、まずこれらの要素に集中すべきです。

研究者は何年もかけて、成功しているリーダーが頭角を現すための外的要因を探そうとしてきました。この研究に基づけば、金持ちの家に生まれ、最高の学校に行き、成功している人たちと交流し、ＩＱテストで高い点数を取ることが、程度の差はあれリーダーになることを保証しているように思えるでしょう。しかし、何ももたずにスタートして素晴らしいリーダーになることもあれば、有利な点を多くもちながら、価値あるものを何も達成しないこともあるのです。環境的に有利だと幸先のよいスタートは切れますが、それが成功するという保証にはなりません。
そこで、この研究方法を逆に使い、私たち全員がもっているものを見てみましょう。**誰もが見る方法、聴く方法を知っています。これらは認知の基本的手段であり、リーダーはこの二つをさらに発展させればよいのです。**リーダーは人を導き、やる気にさせる明確なビジョンをもたなければなりません。リーダーは自分のビジョンを明確にし、わかりやすく説明できなければなりません。素晴らしいアイデアは現実化されるまではただの空想にしかすぎないのです。あなたがビジョナリー（明確なビジョンをもったリーダー）として成功したいのなら、まず、次の二つの重要な質問をしてみてください。①「**私のビジョンは何なのか?**」②「**どうやってビジョンを実現するのか?**」

ビジョンは何もない真空状態から生まれることはなく、目の前にある状況から現れます。それは重大な局面や日常的な課題、経営上の問題や財政危機かもしれません。そのような時、リーダーは状況を判断するために深いレベルで見て聴くこと、そして指導することが必要となります。これは両親やスポーツコーチ、メンターやカウンセラー、マネージャーやCEOにはつきものです。導いてほしい、教えてほしい、指示してほしい、動機づけてほしい、やる気にさせてほしい、計画を立ててほしい——このようなことを頼まれた時はいつでも、それはチャンスなのです。

頭角を現すのは誰？――あるプレゼンの現場から

オフィスのソファーに三人の人物が座っていると想像してみてください。三人とも最高のビジネススーツを着ています。そこは企業投資家のオフィスで、その三人は会社設立の提案を三〇分でプレゼンテーションする機会を得ました。成功するか失敗するかはこのプレゼンテーションにかかっています。この三人の中で、企業投資家の心をつかみ、リーダーとして頭角を現すのは誰でしょうか？

最初の人は手のひらが汗ばむほど緊張しています。気軽に会話をしようとしますが、自分がぶつぶつ独り言をいっていることに気づき、黙ってしまいます。目を閉じ、これから行うプレゼンテーションをもう一度おさらいしています。前日はほとんど寝ずに、プレゼンテーションの一語一句を何時間もかけて目を通しました。彼が考えていることは一つだけです。「これが最後のチャンスだ。死ぬ覚悟でやる」。

二人目の人はもっと落ち着いているように見えます。実際、かなり自信をもっています。彼は自分のアイデアを信じていて、自分の新しいビジネスは資金提供者を見つければ成功すると確信しています。背が高く目が澄んでいて、尊敬されるのにも慣れています。内心では、企業投資家にうまく話してゴルフを一ラウンド回るか、寄せ集めのバスケットボールチームに誘えないか考えています。一対一がいつも彼の最高の説得方法なのです。

三人目の人は素直な好奇心で部屋を見渡しています。彼女は高価なオリエンタルじゅうたんと受付の机に置いてある新鮮な花に気づきます。しかし、彼女の興味をもっと引きつけるのは、企業投資家のオフィスを出たり入ったりしている従業員です。従業員はスーツではなく、ジーンズやスカートをはいています。集中していて熱心ですが、ストレスを感じているようではありません。彼女は自分の内面を確かめ、従業員と同じように感じていることがわかります。どういう結果になっても、その結果を受け入れようとしています。いったん企業投資家を見れば、その人はどんな性格でどのように対応したらよいか、彼女にはわかることでしょう。

どこまで広く、深く、見て聴いているのか?

この三人の中で、一人目の人は、緊張し閉ざされている自分の感情以外は、あまり「見て聴く」ことをしていません。二人目の男性はもっとゆったりとしていて、心から見始めています。相手がどう感じるかという尺度で人々や状況を評価しています。しかし、三人目の人はもう一歩先を行っています。彼女は完全に自分の置かれている環境を受け入れ、熱心に「見て聴く」ことをしています。受け取るヒントから、シナリオを作り始めます。

その中で自分を思い描き、シナリオの展開に合わせて順応します。もし、なじまないことがわかれば、企業投資家のお金を受け取るという間違いを犯すこともありません。相性がよくなければどこか他を探しにいくでしょう。

この架空のシナリオで、今この瞬間に最高の可能性をもっているリーダーが、一番深いレベルから「見て聴く」ことができる人だとわかります。リーダーシップは、自分の内側に健全な基盤が必要なのです。全身全霊で「見て聴く」というレベルまで到達できれば、あなたは人にやる気を起こさせるリーダーになる段階にいるということになります。

物事の真相を本当に見抜く

体・頭・心・魂――認識の四段階

本当の意味で洞察的になるには、「見ること」と「聴くこと」が四つの段階で起こらなければなりません。まず目を使って「見ること」から始めますが、これは始まりにすぎません。完全に「見て聴く」時は、体、頭、心、そして魂を使うのです。

1. **体**：観察と情報収集の段階
2. **頭**：分析と判断の段階
3. **心**：気持ちの段階
4. **魂**：思案の段階

これらすべての段階を経て納得すると、どんな時でも、自分が誰かという真の表現としてのビジョンが現れます。そしてそのビジョンは深い理解に基づいたものになるでしょう。

観察——まず、できるだけ心を開き、偏見のない状態でいてください。可能な限り「見る」ことです。何か言いたいことがある人の話に耳を傾けます。ある意味、ビデオカメラのように機能してください。光景や音が自由に、客観的に入ってくるようにしてください。

分析——それと同時に、頭でも状況を把握しています。頭で比較検討して分析を始めます。頭に浮かぶどんな考えも受け入れるようにしてください。何が起こるかよく観察し、解決の糸口、新しい解釈、今までにない組み合わせに気づいてください。もう一度繰り返しますが、判断や先入観は取りはらい、偏見なく、そして明瞭に考えてください。

気持ち——あなたの心のレベルで何が正しいと感じるかに気づいてください。感情は論理的な分析よりも緻密で正確です。突然のひらめきが生まれるのがこのレベルです。直感を使うと創造力が飛躍的に進歩し、「なるほど、そうか!」という瞬間が訪れるのです。

思案——手放して待ちます。ビジョンが具現化する時、深く目に見えない場所に入っていきます。深遠で無限の知性があなたのビジョンを育み、自分と周りのすべての人の欲求に対応してくれるのです。あなたはそこで、自分より偉大な何かとのつながりを得ます。その偉大な何かを「ハイアーセルフ」「純粋な意識」「神とのつながり」と呼ぶかもしれませんが、これらの言葉がしっくりこない場合は、魂を「本当の私」と考えてもよいでしょう。

魂の叡智で現状を〝見た〟マハトマ・ガンジー

このように、リーダーは自分の内側から顕現していきます。自分の内側の認識と外側の状況を一致させるのです。一八九三年、ある二四歳のインド人が南アフリカに到着しました。白人の乗客に席を譲るために、駅馬車の踏み板に座ることを自分がもし拒んだら、殴られることがわかりました。汽車では、一等車の切符をもっていたので一等客室に乗ると彼が主張すると、どんな切符をもっていたとしても乗るのは三等車だといわれました。しかし、この二四歳の人物は偶然にもマハトマ・ガンジーだったのです。彼は認識の四段階すべてを使って状況を判断することができました。目で周りを見渡し、差別を認識しました。心で、状況は耐えがたいものだと感じました。頭で、新しい方策――市民の不服従――が変化をもたらすと分析しました。どんな代償を支払うことになろうとも「自由」というビジョンに全力を傾けたのです。

現在のリーダーシップ研修では、「ビジョン」という言葉がどこでも使われていますが、ほとんどの場合、知性的なことが基準になっています。将来のリーダー候補者たちは、頭を使って様々な仮説のシナリオを分析するよう教えられます。**しかし、このような研修では十分な結果は得られません。なぜなら、感情、直感、洞察、魂からの深い叡智という大切な要素が抜け落ちているからです**。偉大なリーダーは偉大な魂でもあるというシンプルな真実を否定できる人は誰一人いないでしょう。偉大なリーダーたちは、南アフリカのアパルトヘイト、南北戦争前の奴隷制度、インドでの植民地支配に直面し、大勢の人たちと同じものを見て、同じことを考え、同じように不正であると感じました。しかし、ネルソン・マンデラ、エイブラハム・リンカーン、マハトマ・ガンジーはさらに深いレベルまで進んだのです。そして、どうすれば新しい対応を生み出すことができ、新しいビジョンを現実にできるのかを、自分の存在の核となる部分から問いかけたのでした。

あなたの人生の目的を探そう

自分の核には何があるのか？——真の目的を見つける

魂とつながることは偉大なリーダーになるための秘訣です。私たちは誰もが、体、頭、心、そして魂を統合する道を歩むことができます。魂とつながると、人生の真の目的があなたの為すことすべての土台になるでしょう。リーダーは自分を献身的に捧げるために存在しますが、私たちは自分がもっているものからしか与えることができません。魂、すなわちあなたの核である真我は、洞察力、創造力、想像力、そして深遠な知性がいる場所なのです。自分の核の部分で何が起こっているかがわかると、あなたが与えられるものは無限になります。

この章では、まず、あなたの人生の目的を一文にまとめます。そしてその声明文があなたのミッション（使命）を深く正確に表現していることが確認できたら、それを一語にします。マーティン・ルーサー・キング・ジュニアのミッションが「私は人種差別と社会的不公正を終焉させる」だったとすれば、一語にすると「自由」になります。チャールズ・ダーウィンのミッションが「私は生命がどのように進化し環境に適応するのかを観察する」だったとすれば、一語にすると「進化」になります。

あなたのミッションを表す声明文は、この章で明らかにする二つの構成要素——あなたの価値観を示す「魂のプロフィール」と、最も深い意図を示す「個人のビジョン」——を融合してくれるでしょう。

〝魂のプロフィール〟の作り方

次の質問に二〜三語または文章で答えてください。率直に、あまり深く考えず、最初に頭に浮かんだことを書き留めておきます。

☆——私の人生で貢献できることは何？

☆——私がしていることの目的は？

☆——最高の体験をした時、どのように感じた？
☆——自分にとって（歴史、神話、作り話、宗教上の）ヒーローやヒロインは誰？
☆——親友に求める性質とは？
☆——自分ならではのスキルや才能とは？
☆——人間関係において私が表現している最高の特質は？

では、質問の答えとして出てきたキーワードを使って、自分の魂の簡単なプロフィールを書いてください。他の人を説明するように書きます。例えば、「ディーパックの目的は個人的に成長し、内面の潜在能力や隠れた可能性を引き出すことです。彼は愛情深くあることや支援することで貢献します。彼が至高体験をする時、内面の大きな平和と自分の周りすべてとの一体感を感じます。彼の英雄はガンジー、仏陀、イエス、マザー・ディバイン、クリシュナです。親友には理解力と刺激を求めます。彼ならではのスキルはコミュニケーションだと感じています。彼の才能は、人に古い条件づけや境界線を超えさせてあげることです。人間関係における彼の最高の特質は愛、支援、そして相手の真価を認めることです」。

できあがったら、あなたの魂のプロフィールを手元に置いて次のステップに移りましょう。今度は個人のビジョンを明らかにします。

理想的な〝個人のビジョン〟を明らかにする

二〜三語または文章で以下のフレーズを完成させます。気持ちを楽にして、論理的でないといけないとか、実行可能なアイデアであるかどうか等、心配しないでください。浮かんでくることをただ書いてください。そして何よりも自分に正直になることが大切です。

1. 私は＿＿＿＿＿＿な世界に住みたい。
2. 私は＿＿＿＿＿＿な組織で働くとやる気が出るだろう。
3. 私は＿＿＿＿＿＿なチームを率いたら誇りに思うだろう。
4. 変容した世界とは＿＿＿＿＿＿な世界だろう。

次に、現在の仕事をあなたのビジョンと一致させるために次の質問に答えてください。

1. あなたの仕事は、今まとめたビジョンを世界でどのように反映していますか？
2. 理想に近づけるために（チームや組織に）何が必要ですか？

3．理想に近づけるために（チームや組織に）あなたは何を提供できますか？

現在の仕事はあなたのビジョンとはかけ離れているかもしれません。その差を埋めるためには、まずビジョンをできるだけ具体的に表すことです。理想が曖昧では前に進めません。明確な目的が魂の見えない力を呼び起こすのです。一方、あなたはビジョンを達成する道の途中にいるか、少なくとも最初のステップを踏み出しているかもしれません。あなたが今現在どの段階にいるかは問題ではありません。ここで重要なのは、どんな世界をあなたが心に描いていて、その中で自分をどう位置づけるのかを明らかにすることなのです。

あなたのミッションをひと言で言い表そう

魂のプロフィールと個人のビジョンを書き終えたら、全体的なミッションを表す簡潔な一文にまとめてください。その声明文は、今後リーダーとして何を達成したいかを表すものでなくてはなりません。ひと言で言い表すのに次の形式を使ってください。

すべての行動の根底にある私のミッションは＿＿＿＿＿＿＿＿＿＿＿＿＿＿＿です。

☆——できるだけやさしく簡潔にしてください。
☆——子供でも理解できるような言葉を使ってください。
☆——寝言でもいえるようなものにしてください。

例えば、私が最初に作った声明文は「意識的な人の人数がクリティカルマス（物事が普及・定着するために必要な最低人数）に達し、平和で、公正で、持続可能な、健全な世界を実現する」でした。もっと簡潔にして、「世界とそこに住むすべてのものに奉仕する」という明確なミッションができました。

最後に、あなたのミッションを一語に凝縮できないか考えてみてください。私の場合は「奉仕」です。あなたの一語は「成長する」「進化する」「力づける」「平和」あるいは他の何かかもしれません。最も重要なことは、自分の目的を最も簡潔に表す言葉を思いつくと、真我の声に耳を傾けるようになることです。これが、魂から導き始めるためにまず必要なことなのです。

リーダーとして、熱意とインスピレーションをもってあなたのビジョンを伝えてください。「熱意（enthusiasm）」という言葉は「神の中に」というギリシャ語の語源、en-theosからきています。熱意とは自分の魂を見ることだと気づかせてくれます。「インスピレーション」という言葉の語源は「息をすること」と「スピリット」と同じ意味のラテン語からきています。あなたが人をインスパイアする時……啓発する時は、あなたのビジョンのスピリットにふれさせ、同じ雰囲気の中で一緒に息をして、やる気にさせるのです。

ビジョンを実際に機能させる方法

ビジョンはリーダーシップの最初の一歩

ビジョンは全般的なものですが状況は独特なものです。どんなグループの状況においても、複雑な感情や信念、習慣、経験、記憶、指針などを備えた人間が介在しています。そしてどんなリーダーも、グループのメンバーを啓発していかなければならない立場にあります。しかし人間がもつ側面は、ほとんどは隠れていて極めて個人的なものなので、それらすべての側面に影響を与えるためには、明確なビジョンをもったリーダーが必要なのです。ビジョンをもつことは最初の一歩にすぎません。そして、あなたは様々な状況の中で、グループメンバーの表面的な（しかし必要な）管理業務から一人ひとりが大切に守っている基本的価値観や信念を明確に表現することまで、各段階でどのように対処するべきか理解していなければなりません。

霊的な達成にいたる道――欲求の七階層

リーダーシップが求められる状況はたやすく見つけることができます。次は生産的な変化をもたらしてくれる、明確な欲求に焦点を当てます。何が求められているか評価し始めると、「欲求」と「ゴール」は違うことがわかるでしょう。グループのゴールは新しいマーケティングキャンペーンの創出、生産スケジュールの作成、新しい管理チームへの業務再割り当てなどかもしれません。しかしリーダーは、まだ目に見えにくいレベルで、そのゴールが達成可能かどうかを決定づける基本的欲求を満たさなければなりません。すべての人に当てはまる普遍的な欲求についてはは冒頭のイントロダクションで簡単にふれました。欲求には七段階あり、次に昇順で示します。

1. 安全、安心
2. 達成、成功
3. 協力

4．育成、所属
5．創造、進歩
6．道徳的価値
7．精神的充足

人の欲求を分類し階層化した最初の人物は、心理学者であったアブラハム・マズローです。彼は基本的欲求――安全と安心――が満たされてから、より高次の欲求――例えば、愛、社会との接触――に進むと唱えました。リーダーシップを考える場合は、マズローの欲求段階説をグループに当てはめます。グループの欲求に少し合わせる必要がありますが、基本的欲求を満たしてから高次の欲求に進むという原理は変わりません。

本当の欲求を見極めるヒント

リーダーは、基本的欲求が満たされたと全員が感じるまでは、より高いレベルに引き上げようとしてはいけません。状況を理解するためには、リーダーがその状況に入って自分で経験することが必要です。人々は、自分の欲求を表に出してくれません。表現は反対のことが多く、いつも不満をいっている人が、実は仕事を失うのを怖れているかもしれないのです。彼の欲求は「安心」です。新しいアイデアに対して批判ばかりする人は、疎外感を感じているかもしれません。彼女の欲求は「自分に向けられる関心」です。ここでは職場のグループ（プロジェクトチーム、会社、経営組織など）を取り上げますが、これらの欲求はどこででも当てはまります。家族、ボランティア組織、少年団でも同じです。グループの魂になるためには、リーダーは一人ひとりの欲求を正しく理解し行動しなければならないのです。

以下のよくありがちな状況は、七つの欲求を中心に起こっています。

1. 安全、安心——脅威に満ちて不安定な状況。人々は不安に感じ、不満が漂っています。皆、神経質な表情をしていて心配ばかりしています。誰がこの状況に安心をもたらしてくれるのでしょう?

2. 達成、成功——達成できない状況。人々は成功していないと感じています。生産的になろうとしても十分な意欲や熱意がありません。この状況において絶対に必要なモチベーションを誰が設定し、与えてくれるのでしょう?

3. **協力**――まとまりがなく分裂した状況。グループ内に団結心がありません。言い争いやつまらない論争に陥っています。話し合いは延々と続きますが結論には至りません。誰がこの状況をまとめてくれるのでしょう？

4. **育成、所属**――悪感情と無気力から抜け出せない状況。誰もが何かしら行動し、必要なことをやっていますが上の空です。個人的な支援や信頼関係もほぼありません。誰がこの状況に心をさいて、他の人たちに帰属意識を感じさせてくれるのでしょう？

5. **創造、進歩**――古い解決法や陳腐な考えに支配された状況。人々は手詰まり状態に陥っています。何か新しいものが必要だということには全員が同意していますが、出てくるものは現状に対するわずかな変更のみです。この状況で、誰が大胆な創造の火付け役となってくれるのでしょう？

6. **道徳的価値**――精神的にからっぽで腐敗した状況。弱者は希望を失い、強者は皮肉なことにそれを利用しています。不正を正そうとしても、どこから始めていいか誰にもわかりません。未来には希望的観測があるだけで、現在は重苦しく息が詰まりそうです。誰がこの状況の一切を白紙に戻して希望の光で満たしてくれるのでしょう?

7．精神的充足——人間としての条件を象徴している状況。人々は大いなる質問をしています。「私は誰?」「なぜここにいるのだろう?」。多くの人が神を探求しています。より高次の現実世界について話してはいますが、信念が欠けています。誰がこの状況に光をもたらし、神聖さは日常的な現実であると示してくれるのでしょう?

どうすればよい聴き手になれるのか?

ここまで「見ること」に焦点を当ててきました。しかし、自分の置かれている状況や、どんな欲求を満たさなければならないか理解するためには、「聴くこと」も不可欠です。リーダーの条件としてつねに挙げられる資質は同じであり、それはよい聴き手であるということです。よい聴き手になるためには、本物のスキルが必要です。次に挙げる項目を一つずつ満たしていきます。

1．相手の話をさえぎらないこと。

2．共感していることを示す。批判や議論をせず、威張った態度をとらないこと。

3. 相手の個人的な空間を侵害せずに親近感を作りだすこと。
4. 相手の身振りをよく観察し、自分は気をそらさず集中している様子を示すこと。
5. 自分のことも話す。ただしタイミングが早すぎたり話が長すぎたりしないこと。
6. 相手の人生の背景や状況を理解すること。
7. 体、頭、心、魂の四つのレベルすべてを使って相手の話を聴くこと。

「見ること」と同じように「聴くこと」も感覚を使います。判断や偏見なしに相手の話に入っていけるようにするのです。そうすると、聞こえてくる以上のことを頭で分析できます。また、心を使って、相手が言葉で何を伝えようとしているか感じてみてください。**ほとんどの人は、文字通りの意味よりはるかに多くのことを感情レベルで伝えているのです。**最後に、相手の言葉と自分の魂を共鳴させてください。アドバイスをしたり、何か行動をとる前に、相手のいった言葉を少し寝かせてみるのです。

欲求の段階は、はしごのようになっていますが、人生は人間——最高の状況にいる時でさえ複雑な存在——が主役なのです。人生が提供してくれているのは、上るためのはしごというよりは、もつれをほどく毛糸玉のようなものです。色々な状況が重なりあい、状況は絶えず変化しますので、リーダーは柔軟でいなければなりません。相手の真の欲求を引き出し満たすために、よく「見ること」と「聴くこと」が必要です。

リーダーシップとは、今すぐあなたが選ぶことができる生き方なのです。リーダーはたとえついてくる人がいない時でも、できる限り自然に人生を進めていきます。一歩ごとに何かを携えて進み、その何かがリーダーを際立たせます。それはカリスマ性でも、自信や野望、エゴでもありません。これらの資質があると素晴らしいリーダーだと思われがちですが、実はそのどれも必要ではないのです。最も大切な資質は拡大し続ける意識であり、それは「見ること」と「聴くこと」から始まるのです。

「見ること」と「聴くこと」のレッスン

★——魂から導くには、体、頭、心、魂の四つのレベルで「見ること」と「聴くこと」です。

★——ひとたび自分のビジョンをもつと、それはあなたの行動すべての原動力になります。

★——リーダーとして、欲求階層の基本的なものから高次のものまで対処しなければなりません。

今日やるべきこと

あなたならどんな対応をするか考えてみよう

あなたのビジョンを他者の欲求のために生かし始める時です。今、あなたにとって一番大切なグループはどれか、見渡してみてください。職場でのチーム、家族、ボランティアグループ、あるいは学校のグループかもしれません。あなたのグループの欲求は何でしょうか？　それに対し、あなたはどんな対応ができるでしょうか？（今、見えることにフォーカスしてください。基本的欲求が満たされた後、高次の欲求にグループを導く方法については後の章で述べます）

あなたの持ち前の強みは、状況に対応する時に現れてきます。以下のリストを見て、自分の対応がリーダーのとるべき対応とどれだけ一致しているか考えてみてください。

七つの欲求へのベストな対応

1．安全、安心

私は他者を守る状況になると強くなります。危機的状況の中では冷静さを保ち、緊急時でもうまく対処できます。

2. 達成、成功

私は勝つためには何が必要か知っています。私は人々が何かを達成するためにやる気を起こさせ、私のことを信頼してもらうことができます。

3. 協力

私は対立している双方を和解させることができます。私は落ち着いていて、直情的ではありません。身動きの取れない状態から抜け出させてあげるには、どう導けばいいかを知っています。

4. 育成、所属

私は人に共感することが得意です。私は人間の本質を理解しています。お互いを許しあい、相手の中にある最高のものを見出すためには、どう導けばいいかを知っています。感情的な状況においても、うろたえず、くつろいだ状態で対処できます。

5. 創造、進歩

私は人々が既成概念にとらわれずに考えることができるよう導くことができます。どうすれば創造性のある人々が行動するのかを知っています。新しい可能性を探るのが大好きで、未知のものに対して怖れることはありません。

6. 道徳的価値

私は使命感を感じています。自分の古傷を癒したいと思い、人々がより高いレベルで存在意義を見つけることができるよう支援できます。私たちがなぜこの地球上に生まれたのかということに関する自分の理解を他者と共有したいと思っています。

7. 精神的充足

私は一体感を感じています。私と同じ内なる平和を経験したい人たちに影響を与えます。私の内なる沈黙は言葉よりも雄弁です。私は自分の存在そのものによって人々を導きます。他者は私のことを賢明であると思っています。

「見ること」と「聴くこと」の成果として、あなたは自分のビジョンをもって働き始めます。それはあなたの情熱です。考え出したものではなく、本当の自分からくる情熱なのです。このような状況になり、本当の自分を惜しみなく与える時、あなたは自分が助けている人たちと共に成長します。これが心、頭、魂の統合なのです。

第二章

EMOTIONAL BONDING

「心の絆」の法則

こうして人は、あなたについていきたいと願う

リーダーは他者から最高のものを引き出します。しかし明確なビジョンをもったリーダー（ビジョナリー）はさらに進んで、持続的な感情の絆を作ります。こういう人が私たちの心の中に存在し続けるリーダーなのです。人々があなたと感情的に結びつくと、あなたとつながっていることを望みます。あなたの役に立ちたいと思い、あなたのビジョンを共有したがります。そして、心の奥深くに動機が育まれ、永続的な真の忠誠心が生まれるのです。

恐怖でつながる　好意でつながる

大切なのは惜しみなく自分を与えること

このような絆を作るためには本当の人間関係を築く意欲をもたなければなりません。自分のことを分かち合い、相手に対して個人的な関心をもち、その人の強みに気づくことです。基本的段階で、健全な感情のエネルギーをあなたが示さなくてはなりません。権威主義、かんしゃく、高慢という〝有害な三つのK〟を避けてください。

あらゆる状況で、感情的知性（自分や相手の感情を理解し、人間関係に役立てる能力）についての重要な問いかけをする習慣をつけてください。「私はどう感じている?」「相手はどう感じている?」「自分と相手の間にある隠れた障害は何だろう?」これらの質問に答えることのできるリーダーは、持続的な感情の絆を作ることができます。

感情はビジョナリーとして成功するための目に見えない味方です。あなたのビジョンを実行に移すための次のステップは感情なのです。パワフルなリーダーを思い浮かべてみてください。その人物は権威的で、否認されることを誰もが怖れるような、逆らえない上司でしょうか?　昔から、リーダーは権威、支配、権力を行使することを求められてきました。しかし、長い目で見るとこういうやり方はうまくいきません。恐怖に基づいている場合、人はまったく何もやらないか、嫌々やるからです。**ポジティブな感情で動くリーダーは、従う人たちの潜在能力を開花させることができます**。あなたが真にグループの魂であれば、導くことと尽くすことを同時にするのです。あなたが惜しみなく自分を与えていることに人々が気づくと、リーダーとしての影響力が大きく拡大します。

ビジョナリーは、いつの時代でも、直観的に、無意識に、人々と感情の絆を築いてきました。感情の絆があると、周りにいる人々が次のような態度を示します。

リーダーと一緒にいたい。
リーダーの役に立ちたい。
自分の最善を尽くしたい。そうするとリーダーともっと親密になれる。
リーダーのビジョンを共有したい。
リーダーの成功に関わりたい。

これらの態度は隷属的なものではありません。グループがリーダーに啓発された時にどのように機能するかを示しています。**人々にインスピレーションを与えるには、まずあなたが感情的にコミットすることです**。少し時間を取って、あなたにインスピレーションを与えるリーダーのことを考えてみてください。あなたがそのリーダーと親しくなるチャンスを与えられたら、個人的に連絡を取ったり、ビジョンを共有したり、そのリーダーの成功に満足感を味わいたいと思いませんか？　これが感情の絆の特質なのです。

感情的知性を高めるスキル

成功している人の基本原則

感情の絆とは、スキンシップを取ったり、個人的なことに立ち入り過ぎたり、また、自分の気持ちや考えをいうことでもありません。感情の絆は、感情的知性の高次レベルから働きかける実践心理学の一つの側面なのです。

もう少し具体的にいうと、感情的知性から生まれるいくつかの基本原則があります。その原則を知っていると、自分の感情がはっきりわかり、感情を効果的に使うことができるのです。これは成功するビジョナリーには必須のスキルです。

感情を解放して自由になる

人と効果的につながるためにはあなた自身が感情的に自由でなければなりません。これはまず、罪悪感、恨み、悲しみ、怒り、敵意などから解放されているという意味です。完璧である必要はありません。ただし、心の底にある感情を明確にしておかなければなりません。私たちは皆、ネガティブな感情をもっていますが、リーダーはグループのために、自分のネガティブな感情に効果的に対処しなくてはいけません。感情が混じった、混乱した合図を出してはいけませんし、感情を爆発させたり気分にむらがあってもいけません。もしそうなってもすぐに改めることが必要です。**明晰であってこそ自分を感情的に信頼することができ、人もあなたを信頼してくれるのです。**

感情を明確にするには以下のことが役に立ちます。

☆――自分の体を常に意識してください。緊張感、収縮、凝り、不快感、痛みは、ネガティブな感情を認め、解放してもらいたいという兆候です。

☆――自分の感情に気づいていてください。私たちは感情に流されて、判断が歪められてしまうものです。それは避けられないことかもしれません。しかし、自分の感情を時間とともに消えていく過去の出来事のように客観的に観察すると、感情に流されないようになることができます。

☆――あなたの感情を表現してください。これは、感情がネガティブで破壊的だとわかった時に、まず自分に対してその感情を表現するということです。ネガティブな感情を自分ひとりの時に解放する方法を学び、日々実践してください。たとえ気づかぬふりをしても、怒りや恨みは消えることはありません。ネガティブな感情は、あなたが積極的に意識して解放するまでは、どんどん大きくなり続け、害を及ぼすのです。

☆――自分の感情に責任をもってください。誰かがミスをした時、間違いを直すのはその人の責任です。しかし、それに対して生じるあなたの感情をどう扱うかは、あなたの責任です。感情は誰のものでもなくあなたのものだからです。ポジティブな感情とネガティブな感情を両方とも日記に書くことも役立ちます。大変な状況の中で、激怒も非難も憤慨もせず対処できた時は、自分を褒めてあげることです。自分の感情がリーダーシップに悪い影響を与えた時は責任を取ってください。日記をつけることは、心から正直になり、自分の間違いを認め、改善できるという利点があります。

☆――自分の感情を、信頼できる人と分かち合ってください。自分の話を聞いてくれて、理解した上で違う考え方も示してくれる家族や親友が、誰にでも必要です。

☆――別の視点も見つけてください。感情は、信念・エゴ・過去の条件づけと密接に結びついています。誰かに腹が立つ時、あなたは「私が正しい」といっているのです。できるだけ多くの視点を求めることによって、自己本位に考える傾向を抑えてください。他の人の考えを知ることは、あなたが間違っていると示しているわけではありません。あなたの視野を広げてくれるのです。

これは自分のためだけではありません。**あなたが感情的に解放されていると、あなたの周りにいる人たちも心地よく、一緒にいて幸せになるのです**。元気づけられたと感じ、彼らも自分の感情を明確にすることが助成されるでしょう。

脳の研究によると、母親と子供は「辺縁系共鳴」という原始的メカニズムでつながっています。それは、二つの脳（脳の感情中枢と辺縁域）を同調させ、心拍数や呼吸のような生体リズムを共有させるのです。真に同調すると、母親と子供は、言葉を介さずにお互いが感じていることや考えていることさえも感知することができます。この同じメカニズムは、私たちが大人になっても働いています。深い生物学的なレベルでは、あなたは他の人と同調することができ、このメカニズムによって解放された感情も共有することができます。逆にストレスや隠されたネガティブな感情が二人の人間を引き離してしまうこともあるのです。

情熱を共有せよ

「これは私にとって素晴らしい」を「これは私たち全員にとって素晴らしい」に変えてください。あなたの情熱は、人に伝わらなければマイナスの影響を及ぼしかねません。自分のことを助けてくれるリーダーでないと、誰も協力しようと思いません（アメリカの「オフィス」というテレビドラマで、ゴマすりマネージャーの「悪い知らせは従業員の解雇があるらしい。よい知らせは私の昇進が決まったことだ」という台詞を聞いたら苦笑せずにはいられないでしょう）。誠実でいてください。価値があることであれば、「あなたの」成功を「私たちの」成功にしてください。自分をよく見せるのではなく、皆さんのお蔭で素晴らしい結果になった、というのが最高のやり方です。

純粋に相手のことを気にかけよう

五分間使って誰かを褒めることや、廊下ですれ違いざまに「元気？」と声をかけて会釈することは、つながるということとは違います。相手のことを気にかけなければ意味がないのです。自分の人生で大切だと思う事柄は、他の人にも当てはまります。相手の目を見て、他のことはすべて忘れて、自然に対応してください。

対等な人間関係を築く

すべての人間関係はお互いの共通点に基づいて築かれます。大人の人間関係で一番強いつながりは、対等な関係です。あなたは相手の家族にはなれないので、気の合う友人としてつながりを感じてもらうことです。魂のレベルではこれが唯一の真実なのです。なぜならすべての魂は対等だからです。不平等という幻想が起こるのは、私たちがそれぞれの役割を演じているからにすぎません。あなたはリーダーとしての役割を演じなければなりませんが、時にはリーダーとしての役割から降りるよう気を配ることも大切です。ただ楽しむために、グループの人と一緒に時間を過ごすことも大切です。

強みを見つけ、強化する

最高のリーダーは従う人々がもっている強みにフォーカスする、ということは何度も繰り返してきました。誰が何を得意とするかを評価してチームを築くのです。各自が自分の最高の資質を伸ばすことを奨励されますが、これは始まりにすぎません。誰もが自分の強みを具体的に、そして個人的に褒められたいと思っています。機械のオペレーターに対し、通りすがりに「よくやっているね」というだけでは型にはまりすぎています。その人がよくできていることは何なのかを知り、それをその人に伝え、価値のある仕事をやっているのだということを具体的に示してあげるのです。

相手の自尊心を高める

自尊心は三つの基本要素で成り立っています。まず、人がいい気分になるかどうかは、どんな行動を取るかに左右されます。価値のあるよい仕事をしていると感じると、人は自尊心が高まります。次に、成長する中でポジティブなセルフイメージが高まると、自尊心が高まります。最後に、自分の核となる本質的な価値に従って行動すると、自尊心が高まります。このことを理解し、あなたの周りの人が正しく評価されていると感じるように、そして、彼ら自身も自分を正しく評価するための理由を与えてあげるよう最善を尽くしてください。

非暴力的コミュニケーションとは

あなたの中から脅迫観念がなくなると、人の欲求を満たしながら色々な状況に対処することができるようになります。あなたがコミュニケーションを取っている相手に、ストレス、不信感、無気力、内に潜む敵意、あるいは何らかの抵抗のサインが見えたら、あなたの中の何かが感情レベルで抵抗しているのです。どのような変化でさえ、現状が維持できなくなることを怖れています。また惰性はビジョンに抵抗するものです。怖れを減らすには、自分自身をよく観察して以下のことが当てはまるか確認してください。

□自分のビジョンを阻害するような意見であっても、意見の違いを尊重できる。

□自分が満足するために人の意見を変えさせる必要はない。
□自分の心の奥は平和である。
□なぜ他者が自分に抵抗しているかを、非難や判断をせず、純粋に理解したいと思っている。
□すべての人々、またはできるだけ多くの人のためになる変化を望んでいる。
□今日、自分に反対している人たちに敵意を感じることなく妨害から逃れることができる。彼らは明日、自分の味方になるかもしれないことを認識している。

感情レベルの争いを解決する

私たちは皆、自分の抱く最も深い信念に感情的に関与しています。二人の人間が同意できない時、原因はほとんどの場合、感情レベルにあります。どちらかが何かにひっかかっている場合、交渉が唯一の解決方法です。あなたが、敵対する相手と感情レベルで交渉できると、あなたのビジョンの奥にある情熱が、相手の心に語りかけることができます。

感情的知性を交渉のために使うには以下のことが必要です。

☆――あなたに反対する相手を尊敬していること。そして相手も、あなたから尊重されていると感じていること。
☆――あなたは断固とした態度を取るが、同時に柔軟性をもち続けていること。
☆――相手にも反対する権利があると純粋に心から感じていること。
☆――双方にプラスになることがあなたの究極のゴールで、最後は双方が何かを得ることができたと感じなければならないこと。
☆――あなたは敵対する相手にとって最善を望んでいること。それを真実とするために、譲歩の際に相手から多くを得ようとしてはいけないこと。
☆――交渉中は「正しい」「間違っている」という言葉を使わないようにすること。交渉の席にいる人は、誰もが自分が正しいと感じている。
☆――物事の逆の側面を見て、どちら側も同様に不当に扱われていると感じていることを理解すること。公平さはあなた側だけにあるわけではない。
☆――心から、個人的に話をすること。そのためには簡潔に、適切に、そしてバランスがとれた公平な視点から自己表現すること。
☆――相手を許すことに同意し、自分も許しを求めること。他者の過ちは過去に流し、自分の過ちはすぐその場で責任を取る。
☆――議論を観念論や宗教に向けないこと。そこは踏み込んではいけない領域で、あなたがどれだけうまく折衝しようとしても、相手は脅威を感じる。

七つの欲求を満たす方法

手がかりはそこにある感情

気持ちというものは欲求を満たすか満たさないかのどちらかです。リーダーはいつもこのことを念頭においておかなければなりません。第一章で紹介した七種類の状況を振り返ってみると、それぞれの状況に感情的側面があります。その感情的側面が、根底にあるまだ満たされていない欲求を見つける大きな手掛かりとなるのです。

安心したい、安全でありたい——満たされていない欲求の解消①

《そこにある感情》怖れ、心配、不安、脅威

《あなたのとる戦略》隠れた不安を表に出させることです。怖れなくてもよい理由を説明してあげてください。安定につながる道を示すのです。最も強いメンバーに、その強さ

の源は何なのかを皆に共有してもらってください。誰もが危機を切り抜けることができることを約束し、できるだけ早く、約束したことを実現してください。相手と一対一の関係を築いて安心を与え、支援する機会を提供します。

達成したい、成功したい――満たされていない欲求の解消②

《そこにある感情》無気力、無関心、失敗や力不足の感覚

《あなたのとる戦略》あなたの熱意を分かち合ってください。小さな成功を強化します。すべての勝利は「全員の」勝利だということを明らかにし、目の前に広がる新しい可能性について説明してください。一人ひとりが自分の強みを生かして、どのように成功していくのか具体的に説明し、成功する可能性が高い仕事やプロジェクトを一つ割り当ててあげてください。それは、成功した時に本人が誇りに思えるようなものでなくてはなりません。

他者と協力したい――満たされていない欲求の解消③

《そこにある感情》嫉妬、憤り、敵対心、身勝手さ

《あなたのとる戦略》全員で共有できるような感情（プライド、自尊心、最善を尽くした時の満足感、難しい仕事の熟達）を一つ挙げて、その感情をもっていることに同意しても

らいます。全員が同意するまであきらめてはいけません。次に、対立している話題を一つもち出します。責任の所在は明らかにせず、グループとして協力すれば全員のためになる理由を明らかにしてください。辛抱強さが必要ですが、いつも不満ばかりいう人や、議論を蒸し返すような人は、場合によってはグループから排除します。非公式の場に意見が対立している人を集め、意見の相違について協議してください。もし誰かが公の場で激しい感情をあらわにしているような場合には、そのような行為をやめるよう断固たる指示を出します。

育成したい、育成されたい——満たされていない欲求の解消④

《そこにある感情》寂しさ、孤立、誤解されている、無視されているという感情

《あなたのとる戦略》メンバーのことを気にかけていると示してください。仲間外れにされていると誰かが感じると、グループ全体が傷つきます。しかし、この気持ちは公の場で話し合うことではありません。個人的に会って話を聞きます。疎外されているメンバーがグループに戻ってくるまで、このような個人的な接触を続けます。メンバー全員のプライバシーの権利を尊重しつつ、グループに参加することは義務だということも明確にしてください。辛抱強さを示さなくてはなりません。参加する度合いは人によってそれぞれ違う

のは当然なので、引っ込み思案な人を観察し、彼らが同意するかどうか、そしてどう感じているか尋ねてください。その人たちを参加させなければいけませんが、直接的な表現は避けましょう。例えば、「みんなの中に加わりたい？」「あなたの意見を聞かせてほしい」などと聞く代わりに「今の状況をどう感じている？」「メンバーが皆どう感じているか知りたいのだけど」というように、簡潔で、相手が自由に答えられる余地を残すような質問の仕方にしてください。

創造的になりたい、成長したい——満たされていない欲求の解消⑤

《そこにある感情》活気のなさ、退屈さ、息苦しさ、マンネリ

《あなたのとる戦略》チームに新しい風を吹き込む必要性を認識させましょう。屋外等で時間をとり、メンバーが想像力を使って新しいアイデアを取り入れるようなセッションを行います。いいアイデアには何らかの報酬が与えられることを明らかにしてください。どんな創造や想像の兆しも見逃してはいけません。障害になる点、予算制限、非実用性などを指摘してはいけません。人を笑顔にする、驚くようなことを実施してください。真剣に「奇想天外なアイデアは？」などと皆に聞いてください。どんなびっくりするようなアイデアでも大丈夫だと感じてもらうためです。

自分の核となる価値観に導かれたい——満たされていない欲求の解消⑥

《そこにある感情》罪の意識、空虚さ、導きの欠如、目標の欠如

《あなたのとる戦略》心から話し、あなたの魂からインスピレーションを与えてください。あなたの人生における至高体験を分かち合い、メンバーの人生についても同じように分かち合いを求めてください。人々の道徳的価値観に踏み込まず、自分本位に振る舞わないように気をつけます。そして、誰もがもつ成長の無限の可能性に焦点を当ててください。あなたの最高の価値観——共感、愛、忠誠心、正直、誠実さ——を、模範的人物（ロールモデル）として実践していくのです。もし適切であれば、グループで沈黙や瞑想、または祈りの時間をとるように求めてください。幸福感が高まる瞬間を怖れる必要はありません。いつも率直に、誰の中にも隠れている純粋無垢な心の部分を正しく認識してください。

精神的に満たされたい——もうひとつ高い欲求の実現

《そこにある感情》切望、探究、人生をよりよいものにしたい

《あなたのとる戦略》この状況において「戦略」という言葉は適切ではありません。あなたの役目は光を放つことであり、あなた自身がその光の中にいることです。あなたはすべ

ての人を理解し、受け入れ、あらゆる状況で共感することができます。あなたがただ存在するだけで影響力が広がるのです。あなたが純粋意識——純粋な潜在力であり、瞑想における無の境地——にある根源、すなわちあなたの魂を発見すると、周りの人は、あなたの至福と統合された状態に気づくでしょう。そして彼らの精神が、あなたの努力なしで高められていくでしょう。周りの人はあなたを通じて、内なる平和と全面的な安心というものが可能であると感じるのです。

一本のバラが人生を変える——永遠に続く忠誠心の秘密

ネルー首相がわが町にやってきた

私が感情の絆の力を経験した話をしましょう。私は少年時代、インドで育ちました。父は、国の中心にある大きな町、ジャバルプルに駐在する陸軍医師でした。ある日、インドの総理大臣、ジャワハルラール・ネルーの訪問が間近に迫っているというニュースで、町全体が最高潮に盛り上がっていました。インドは一九四七年、私が生まれた数カ月後に国として誕生したばかりでした。ネルーは初めて国民によって選ばれたリーダーであったため、インド人にとっては父親か聖者のような存在だったのです。

当日、ネルーを乗せたパレードの車が近づいてくると、まるでガンジーが来たかのように畏敬と興奮の波が通りを駆け抜けました。実際、ネルーはガンジーの重責を受け継いでいました。近所の人たちはネルーの乗った車を一目でも見ようと街灯の柱をよじ登っていました。小さな男の子たちが通り沿いのこずえにぶら下がり、重みで沈んでいたのを覚えています。母は最上のサリーを着ていました。メイド、親友、父が働いていた病院の院長夫人など、母がお世話になっていた人々は皆、ネルーのことばかり話していました。

ついにネルーの乗った車が通りにさしかかり、私たちの家のちょうど前を通りすぎました。その時、驚くべきことが起こったのです。母は群衆の最前列の場所を陣取って待っていました。母は以前、「何万人という群衆がパレードに押し寄せる中で、ネルーは必ず私に気づいてくれる」と、私たちに宣言していました。私たちは母をからかいましたが、母の自信はゆるぎないものでした。そして、車が通り過ぎる瞬間、母は本当にネルーの目に留まったのです！　ネルーは一瞬止まり、いつも下襟につけている一本の赤いバラを手に取り、それを母に向かって投げました。あれだけの群衆がいた中で、母はそのバラを掴みました。そしてパレードが終わった時、母はそのバラを最高級の壺に丁寧に生けたのです。

こうして神秘的な存在になる

その日の午後中、我が家は多くの訪問客であふれかえり、皆そのバラに驚嘆しました。それは市場の露店で数ルピーで買えるようなバラでした。しかしネルーが自分の手で投げたバラだったので、神秘に包まれた特別な存在になっていたのです。そしてそのバラを受け取った母も、同じように神秘的な存在になりました。母に毎日会う人は、母の前では声を落としてささやき、敬意の念で彼女を見るようになったのです。そして母は素晴らしい経験をしたことにより、それまでと違う自意識も芽生えたようでした。その日の夜遅く、ネルーのバラは子々孫々のための聖なる遺品として保存できるよう、丁寧に押し花にして本の間にはさまれました。

あなた自身がそのような愛や忠誠心を人々の中に啓発していると想像してみてください。それは、ビジョナリーであれば皆やっていることです。

偉大な政治家になる機会はごくわずかの人に限られていますが、感情的知性が欠如しがちな職場でリーダーシップを発揮する機会は、ほとんどの人にあるでしょう。ギャラップ社が行った労働者満足度に関する大規模な研究によると、職場は依然として人間味のない場所なのです。調査によると、自分のマネージャーが「人間関係に時間と労力を費やしている」と答えた従業員はわずか一七%でした。国のリーダーにならなくても、あなたはこの状況を改善することができるのです！

スピリチュアル・レベルを高めるために

魂のレベルで自分が誰なのかを探ること

前項の「七つの欲求を満たす方法」で述べた最後の二つの欲求（〝自分の核となる価値観に導かれること〟と〝精神的に満たされること〟）においては、感情的知性を超えなければなりません。ここから先のより深いレベルでは、愛、思いやり、喜び、内なる平和に関わる精神的知性の領域を扱っていきます。これらの価値は個人の領域を超えて、人類全体に関わるものです。**精神的知性は特定の状況を解決するためではなく、毎日の生活の中で神聖さを見つけるためのものです**。あなたは自分の魂と連絡を取り合っていて、あなたは愛、喜び、平静さが存在している場所からやってきた存在なのです。

また、精神的知性はスキルを習得することではなく、魂レベルで自分が何者なのかを見つけることです。私たちは皆、気づいています。内なる平和、静寂、信頼、喜びがどういうものか、私たちは皆、知っているのです。これらの経験はどこから来るのでしょうか？これらの経験が私たちの存在の核となっているところ、すなわち魂から来ているとしたら、そこに行って経験したいと思うのは当然のことです。

日々の思考より深いレベルで自分が何者かを探求すること、それが瞑想の真の定義です。

まずは次のような簡単な瞑想から始めてみてください。

呼吸の瞑想のすすめ

邪魔されずに一人で静かな場所に座れる時間を、朝晩二〇分ずつ確保してください。携帯電話の電源は切ります。最初の五分間は、何もせずにただ目を閉じて、自然に呼吸を落ち着かせます。頭の中に雑念があっても、それに反応してはいけません。思考や感情をそのままの状態にしておきます。

次に、あなたの注意をそっと胸の中心に向け、呼吸を観察します。息を吐くたびに体全身から息が解き放たれるように感じてみてください。息を吸うたびにあなたの体全身に息が広がっていくように感じてみてください。自分の呼吸のテンポを意識的に速くしたり遅くしたりしないでください。また、意識的に呼吸を深くしたり浅くしたりもしないでください。ただ、時間が経つにつれて呼吸が微細で精錬されたものになるよう意図してくださ い。

以上の瞑想を一五分続けてください。寝てしまっても構いません。寝てしまうということは、瞑想よりも休息が必要だということなのです。最後に一分ほどかけて瞑想状態から抜けるようにして、すぐに行動を始めないでください。

この簡単な習慣が身につけば、精神的知性に向かって大きな一歩を踏み出したことになります。**毎日瞑想すると、あなたの魂が日常生活に生気を吹き込んでくれます**。そして以下のような多くの変化に気づくでしょう。

思いがけない喜びの瞬間。
何かしている最中に訪れる平和の感覚。
自分自身をはっきり見る能力。
人に感謝する理由が増え、批判する理由が減る。
人や物事をコントロールしたい欲求が減る。
正しい答えが現れることに対するさらなる信頼。
流れにまかせようという気持ち。

自分の置かれている環境に馴染んでいる深い所属感。

魂のリーダーがすべきこと

このような経験をし始めると、努力なしに、そして自然に、自分の外側の世界にもその経験が広がっていくでしょう。あなたの中にあるものすべては、他の人々の中にもあることが明らかになってきます。魂のレベルでは誰もが同じ特質をもっているのです。精神的知性の高いリーダーは、たとえはっきり現れていなくても、人々の中のこれらの特質に働きかけます。リーダーは一人ひとりに変容する場を与えるのです。この方法を「無言の育成」と呼んでもいいでしょう。この時点でリーダーは、個別の状況に対応することを超えた、最も大切な役割を完全に受け入れています。それは「グループの魂」となることです。

感情的知性が精神的知性と統合する時、人間性が大きく変わります。そして、どの叡智の伝統も「光」と呼んでいるものを具現化するのです。その人が魂から行動しているという兆候が外側に見られない時でも、光は愛と思いやりを醸し出します。というよりも、目に見えない存在の力――あらゆる存在の基盤にある純粋意識――が実在するということが体験的にわかり始めるのです。**努力よりも楽をするようになり、争いや衝突がなくなっていき、最高の結果がもたらされるという完全な信頼にとって代わるでしょう。**あなたのどんな小さな望みでも宇宙に支援され実現します。すべての行動が生命の流れの一部なのです。あなたが瞑想をした最初の日に、光に向けた扉が開きます。自分の魂にさらに意識的であることを求めると、あなたの願いは叶えられます。魂とは「光」にほかならないのですが、それは一つのたとえです。魂の本当の実体は意識的であることなのです。

意識は無限です。あなたと人々をつなぐ感情の絆は光の絆なのです。魂レベルではあなたはすでにすべてのものと結ばれています。あなたのリーダーとしての役割は、人にもそのことを理解できるようにしてあげることです。

「心の絆」のレッスン

★――魂から導くということは、他者とつながることです。そうすると、人はあなたのビジョンを分かち合いたいと思い、あなたが共有する成功を通じて満たされます。

★――感情的知性の価値がわかると、あなたは人々を結束させるスキルを習得することができます。そのためには人間関係を築き、惜しみなく自分を与えることが必要です。

★――魂からのリーダーとして、あなたはどんな状況でも隠れている感情に気づき、その解消法を示します。魂レベルでは誰もがすでにつながっていることを、あなたは確信しています。

今日やるべきこと

距離を絆に変える一歩を踏みだす

感情的知性は認識を通じて高まります。現在の状況（職場、家族、仲のよい友人など）を見渡して感情レベルから観察してください。心の目で見てみれば、あなたとの間に感情的距離がある人は何かしらの兆候を示しているのがわかるでしょう。明らかな、または隠れた緊張感、リラックスしていない、一緒に笑わない、あなたの目を見ない等。彼らはあなたのそばにいたくない、あるいはあなたの成功を分かち合いたくないように思えます。どうすればこの距離を絆に変えることができるでしょうか？

今日の課題は、あなたの人生でうまくいっていない部分すべての、感情のトーンを変えることに取り組んでみることです。以下の言動リストを見てください。今日は一つ選んで実行してみてください。そして今日から一カ月以内に、十種類すべての言動を一つずつ、少なくともひと通り実践してください。

相手との感情のギャップをうめる一〇の行動リスト

1. 相手の強みと才能に気づき、それを伝える。
2. 相手が何かさらに上手になっていることを褒める。
3. 自分も称賛されることを期待せずに相手を称賛する。
4. あなたの心の中で正しいと感じる時は、相手の願望に従う。
5. 場がヒートアップしたらいったん席を外し、なごやかな気分で戻ってくる。
6. 自分の感情は、他の誰でもない自分のものだと認識する。そして他の人の感情は、その人のものであって、あなたのものではないことを受け入れる。
7. 相手がきまり悪く感じるようなデリケートな問題は避ける（特に他の人やグループ全体の前で話すなど）。
8. 個人的問題をもち出す場合は、自分も相手も感情的に良好な状態であることを確認してからにする。
9. マンネリ化した習慣を避ける。もし毎日決まりきったことを自分がいっていることに気づいたら、それは習慣化していて、純粋な返答ではない。何か新しい声かけ、やり方で、あなたが相手を気にかけていることを示す。

10．毎日、相手の中に許すことを一つ見つける。それが何かを相手に知らせてはいけない。ただ自分の中で許して手放すこと。

さあ、分かち合える喜びをもとう

日常的にこれらの行動を実践していくにあたって、自分にも相手にも楽な気持ちでやってください。自分に正直に、相手に誠実に、しかし度を過ぎてはいけません。何よりも、これを前向きなゴールにすることです。自分が正しいとか、誰かに自分のことを好きにさせることができると証明するためではありません。目的はもっと客観的なものです。あなたの中の古くて不健全なパターンを超えるために必要な、感情的知性を高めるためなのです。感情の絆を尊重するとは、たとえ直接自分の利益にならないとしても、自分自身とあなたが気にかけている人を寒空の中から家の中に入れてあげるようなものなのです。

感情的な観点からいえば、人間関係であり得る状況は三種類だけです。それは、**①あなたが改善できる状況**、**②あなたが我慢する状況**、**③あなたが立ち去る状況**、です。状況を改善する方法をできるだけ多く見つけることが、リーダーとしてのあなたの義務です。ほとんどの人は我慢しすぎて、これ以上耐えられないストレスレベルまで達すると、すべて放棄してしまいます。一方、人間関係の改善は感情的知性と感情を通じて行われます。**あ**

なたは、人々をお互いに引き離してしまっているギャップをうめ、人生における感情的側面が満たされ得るということを証明していくのです。それは、お互いに自分自身の怖れや内なる抵抗を乗り越えた時に分かち合える、喜びにつながっていきます。

第三章

AWARENESS

意識の法則

変革を起こす力の源

「意識」は可能性が生まれる場所です。あなたがやりたいこと、なりたいものすべてがここから始まります。明確なビジョンをもったリーダー（ビジョナリー）として成功したければ、できるだけ意識的でなければなりません。毎瞬、前方へ進む道がいくつも目の前にありますが、どの道が正しいかを教えてくれるのは意識なのです。

リーダーとしてのあなたの意識は、周りのすべての人に影響します。あなたが導き、奉仕している人たちはあなたの状況把握に頼っています。あなたは正しい答えを得るために自分の内側にアクセスしなければなりません。あなただけが、グループの意識を低次の欲求から高次の欲求まで引き上げることができるのです。そのためには、まず自分の中にある欲求を一つずつ満たさなければなりません。

あなたが変えられることに限界はありません。なぜなら意識は人生のすべての側面に光をもたらすからです。あなたの意識が収縮していると人生のすべてのことが収縮します。逆に、あなたが拡大した意識の状態でいれば、他のすべても拡大します。最も古い叡智の伝統には「その一つを悟ると、他のすべてがわかる」ということわざがあります。「その一つ」とは意識のことであり、変容を起こす最大の力なのです。

まず意識ありき

最初に直観、そして理屈づける

意識は可能性が生まれる場所です。あなたが達成したいものはすべてここから始まります。新しいアイデアが生まれると、意識はパワーを集約し、影響力を及ぼし始めます。人々はあなたのアイデアを応援したいと思わずにはいられなくなり、ビジョンを現実に変える手段が必ず手に入ります。そしてこれらすべてはあなたの意識にかかっています。なぜなら新しいアイデアをあなたが思いついた瞬間、未来につながるたくさんの道ができるからです。正しい道は、あなたの内側の深い場所から大きな声で叫んでいます。成功するビジョナリーは毎日、自分の内面を見て次のステップを見つけます。**ビジョナリーにとって、成功とは進化する旅なのです。**

意識は思考と同じではありません。世界はとても複雑なので、置かれている状況のすべての可能性を理性で予測することはできません。私たちは直観的にこのことを知っているのです。実際には、私たちは一般的にいわれている方法で論理や理性を使っているわけではありません。**直観で決断し、その後で論理や理性を使ってその選択を正当化しているの**

です。これは、理性が役に立たないという意味ではなく、思っている以上に私たちは意識を使っているという意味です。

脳の研究によると、脳の多くの中枢、特に感情中枢が、単純な決断にも関与しています。スーパーでバナナを見たり、デパートでカシミアのスカーフを見たり、車の販売店で中古車を見る時、暗黙のうちに自分にとっての適正価格を計算しているかもしれません。あなたは数秒で判断しますが、脳が何を行ったのかについては、ほとんど気づきません。五〇〇グラムの有機バナナに二ドル払うのは妥当だと思う客もいれば、その価格だと高いと感じて通り過ぎる客もいます。理由を聞かれると、どちらの客もおそらく説明するでしょう。しかし高いか高くないか決めた瞬間には、複数の影響要因が作用していたのです。それらの影響要因がどう絡み合って、比較検討されたかという説明を抜きにしたとしても、これらのプロセスを言葉で説明するには長い時間がかかるでしょう。

あなたはリーダーとして、脳の多くの中枢を使い、買い物客がバナナを選ぶのと同じように決断をしなくてはなりません。しかし、ほとんどのリーダーシップ研修では、逆のやり方が正しいとされています。つまり、理性と論理が重要だとしているのです。九〇％の意思決定は分析に基づいていると思われています。しかし行動研究によれば、私たちが決断をする時には、脳の中でもっと多くのことが行われているということが示されています。

理性を上回る感情の力

ある実験が行われました。被験者は脳をスキャンされた状態で、強い肯定的感情と否定的感情の両方を引き起こす内容の写真（新生児、結婚式、列車事故、戦闘シーン）を見せられました（これらの写真は脳の感情中枢である扁桃体に刺激を与えます）。その後、被験者はありふれた家庭用品にいくら支払う気持ちがあるか聞かれました。すると、これらの被験者は一貫して、感情的に刺激されなかった被験者より多く支払おうとしました。写真が肯定的なものでも否定的なものでも、結果は同じでした。幸せを感じると、普段支払う値段の三〜四倍払うのですが、落ち込んでいても同じことが起こったのです。**この実験でさらにわかったことは、どれだけがんばってみても、感情に影響されずに決断することは不可能だということでした。**完全に理性で解決するという理想は、実は幻想なのです。

これはおそらくとてもよいことでしょう。なぜなら、もしあなたが理性と論理だけにしか頼れないとしたら、目に見えない意識の力を自分から奪ってしまうことになるからです。世界中の偉大な精神的伝統では、意識は神の特質だと考えられています。従って意識は無限であり、どこにでも存在するのです。神はすべてを見て知っています。だからこそインド古代ヴェーダの聖人たちは「その一つを悟ると、他のすべてがわかる」と説いているのです。それは意識のことを指していて、右記の脳の研究のように世俗的な言葉で表しても、意識は広大でまだほとんど手がつけられていないということです。思考するマインドは氷山の一角にしか過ぎないのです。

リーダーがもつべき意識、七つの特質

どんな状況にも対応できる基本

あなたは一度に一つのことしか考えられませんが、あなたの意識は多くの階層で黙々と機能しています。隠れた階層に話しかけることにより、リーダーはこの事実を最大限に活かすのです。意識が拡大していくと、次のような特質が順番に現れてきます。

1. 軸がぶれない
2. 自発的
3. 一貫性
4. 直観的、洞察的

5. 創造的
6. 啓発的
7. 超越的

この七つの特質は、リーダーが満たすべき七つの欲求に相応していることに気づいたかもしれません。偉大なリーダーは欲求段階でグループよりつねに一歩先にいるのです。グループが安全で安心だと感じ始める時、リーダーは達成することをすでに考えています。グループが成功を収めだすと、リーダーはすでにチームづくり、そしてその先のことを考えています。偉大なリーダーは七段階すべてを理解していて、前もってどんな状況にも対応できるよう準備できているのです。あなたが魂から導きたいのであれば、この七つの意識の特質を自分で経験しなければなりません。

1. 軸がぶれない……安定し、外からの支援がいらない安全な意識状態

この特質にふれていると、あなたは危機的状態でも揺らぐことはありません。周りの人々が不安で心細くても、あなたは平常心を保っています。軸がぶれないでいると、周りの人々の心配を取り除き、必要な時に最高の特質を引き出してあげる準備ができている状

態となるのです。

2. 自発的……必要なものはすべて内在しているという自己志向的な意識状態

この内なる意識の源から、自信とエネルギーが自然にかつ無限に湧き出てきます。この意識の特質にふれていると、成功することは可能だということに疑いをもちません。他の人には危険に見えていても、あなたは隠れたチャンスを見ることができます。達成が主なゴールである時、成功への道を切り開くこの能力が、あなたが他者を導くための準備となります。

3. 一貫性……秩序的で、自己組織化している意識状態

自分の五感を通して一連の生データを受け取り、筋の通った世界像を形成します。この特質にふれていると、人々にインスピレーションを与え、あなたのビジョンの周りに人を結集させることができます。青少年のための新しいセンターを町に建設することでも、地域のPTAでリサイクルショップを再編成することでも、入院している病気の子供を元気づけるために動物を調教して訪問することでも構いません。混乱や争いの場においても、あなたには明確で統一した目的が見えるのです。この能力があると、あなたのアイデアを

支援してもらうことを通して、人々を団結させることができるリーダーになります。

4. 直観的、洞察的……つねに観察している意識状態

意識はつねに観察していて、あなたが今この本を読んでいることさえも観察しています。しかし毎日湧き出てくる思考と違って、この意識は個人的偏見に惑わされることはありません。幻想ではなく現実を見ます。この特質にふれていると、考え過ぎることなく、直接的に状況を理解し、自然に物事の本質を見抜きます。この能力があると人を上手に扱えます。なぜならその人が何を欲しているか、おそらくその人自身よりもはっきり理解できるからです。理解され、自分の話に耳を傾けてもらえていると人々に感じてもらうことがゴールである場合、この能力があるとあなたはリーダーになります。

5. 創造的……未知の世界と既知の世界の合流点に意識がある状態

意識は未知の世界と既知の世界の合流点です。意識は、ぼんやりとした可能性を新しい現実に変換します。この特質にふれると、不確実な状態でも心地よく感じ、不確実な状況を糧にして成長を遂げていきます。なぜなら不確実性が、まさに存在の構成要素の一つであるということに気づくからです。それが革新の本質であり、あなたは新しいやり方を探

求し、発見したいと思います。この能力を自由に使えると、人々にも古いやり方以外のものが見えるように助長して導き、古い視野を置き換えることで得られる高揚感を味わってもらうことができます。

6. 啓発的……愛、思いやり、信念、美徳に基づいた意識状態

意識は、愛、思いやり、信念、美徳に基づいています。偉大な叡智の伝統では、存在するものはすべて、果てしない意識の海から生まれてくるといわれています。これは人間の基本的な特質についても同じことがいえます。私たちはそれらの特質を見失うこともありますが、なくなるわけではなく、いつもそこに存在しているのです。愛や思いやりは発明されるものではなく、意識の海から顕現します。この源にふれると、あなたは人を啓発することができます。あなたは、人々がよりよい自分自身を見られるように手助けすることによって、彼らを高めていくのです。人々が自己変革や救いを強く求めている時、あなたは彼らに違いをもたらしてあげることができます。

7. 超越的……境界のない意識状態

意識は突き詰めていくと境界線がありません。この世界に存在し、さらに無限に広がっ

ているのです。世界の偉大な叡智の伝統はすべて、より高次の現実に由来しています。それは言葉では言い表せないのですが体験することはできます。このことが最大の驚異であり、畏敬の源なのです。古代インドの聖人は「これは学ぶ知識ではない。自分が体現する知識なのだ」と述べました。この洞察を完全に理解し、吸収すれば、超越するとはどういうことなのかがわかるでしょう。あなたはどこにも旅する必要はありません。すべての現実はあなたの内側に存在しています。あなたは全体性の実例です。なぜなら、あなたは周りのすべての物や、すべての人々と結合しているからです。人間が無限の領域に到達できることを証明するためにあなたは存在しています。そして単にあなたがありのままの自分でいるだけで、他の人たちも無限の領域に到達できるのです。

グループを最高レベルに引き上げる演習

プロセスを積み上げる

次の段階は、グループの意識を、現在のレベルから最高レベルまで引き上げることです。

このプロセスは積み上げていくものなので下の段階が終わってからでないと上の段階にいけません。ですから最初の段階から始めてください。どんなことも当たり前だと思わないことです。以下の七つの意識の特質を一つずつ明らかにしていってください。

演習1　自分の中心軸を見つける基礎テクニック

軸がぶれない――意識の中のこの静かな側面は、強い自己意識をもたらしてくれます。グループがこの段階にあると、誰もが安全に感じます。

軸がぶれないようにするための最も簡単なテクニックは、体の意識を使う方法です。少し時間を取ってグループメンバーに静かに座ってもらい、自分の体を感じながらリラックスして、体がただ単に物理的に存在しているようにし、心地よさや不快感に意識を集中するようにしてもらいます。

この基本的テクニックの別の方法として、グループメンバーに静かに座ってもらい、呼吸を意識してもらってもよいでしょう。静かに、そして楽に、息を吸ったり吐いたりすることに注意を向けてもらいます。

もう一つの方法は心臓を意識することです。静かに座ってもらい、胸骨の奥の部分に楽に、そっと意識を向けてもらいます。ここでの目的は心臓の鼓動を聞くことではなく、感情の中心としての心臓を感じてもらうことです。どんな感情や感覚が出てきてもそのままにしておくよう指導します。グループでこの演習をするのに抵抗がある場合は、一対一のセッションで教えることもできます。精神的に落ち着くことができ、ストレス緩和の効果もあるので、これらのテクニックはどんなグループにも効果があります。

演習2 「強み」を生かす行動計画

自発的――意識の中のこの側面は達成することを啓発します。グループがこの段階に上がると、成功するチャンスが平等に誰にでもあると皆が感じます。

最高の動機はそれぞれの強みをベースにして働くことだということを伝えてください。そしてそのためには、各自の強みが何かを知る必要があります。グループメンバーに二人一組になってもらい、鉛筆と紙を用意します。各自が自分のパートナーの強みを三つ書きます。最初に、いくつかの例を挙げてください。「例えば私のパートナーの強みは、アイデアを思いつくこと、相手を居心地よく感じさせられること、予定を立てて組織化すること、生産的であること、期限を守ること、交渉力、説得力、革新的であること、などです」。もしグループの中に新人がいて、誰もその強みを知らない場合は自分自身の強みを書いてもらいます。

五分後、パートナーとリストを交換してもらってください。書かれている強みについて二人で話し合ってもらいます。もし疑問や意見の相違があれば訂正してもらった後、強みを最大限に生かす行動計画を作ってもらいます。

（簡単なフォーマットは次のようなものです。「（　　　）という私の強みをうまく活用するために、　　　　　　することを提案します」）ここでのゴールは、一人ひとりの最大の強みを特定し、その強みを生かしたいとあなたが思っていることを示すことなのです。これは動機を刺激するのに効果的な方法です。自分の強みが認められ活用されると感じると、それを実行しようとする動機は自然に高まります。

演習3　まず、二人組を作ることから

一貫性――意識の中のこの側面は相違点を調整します。グループが団結するとは、全員が協力して同じ目標を共有するということなのです。

現実的には、分裂したグループを団結した一つのチームにまとめることはたやすくあり

ません。しかし、一度にやり遂げる必要はないのです。まず、二人一組になってもらいます。すべてのペアはパートナーとしてお互いに協力し合っていきます。同じ仕事を共有する必要はありませんが、それ以外のことはすべて共有します。進展が見られる肯定的なことから、いら立ちや困難などの否定的なことまで共有してもらってください。そうすればお互いが相談役となり、フィードバックすることができます。

これは、一人で行うべき仕事を二人に割り当てるということではありません。重要なのは、気にかけ、助け合い、共有し合う関係を二人の間に作ることなのです。最初のミーティングではそれぞれがパートナーになることでどんな効果を得たいかについて合意しなければなりません。可能であれば毎日、少なくとも週に三日は、数分間でかまわないので、二人で会って話をする時間をとってもらいます。週の終わりには、グループ全体が集まり、それぞれのペアがどのように進めているかを、口頭で形式張らずに報告し合います。そうすると次のミーティングでは、ゴールに向かって全体がどう進んでいるか、グループで総合的に議論することができるのです。大きなグループに統一性をもたらそうとする代わりに、まず二人組から始めます。そうすると、グループメンバーの中に最も個人的なレベルで絆を作ることができるのです。

演習4　親しくない相手にちょっとした秘密を打ち明ける

直観的、洞察的――意識の中のこの側面は共感を生み出します。グループがこの段階に上がると、それぞれの人が理解されたと感じます。

再び二人一組になってもらいますが、今度は親しくない人同士でペアを作ってもらいます（これには理由があります）。実際、ほとんど全く知らない人同士が一番よいでしょう。比較的プライバシーが確保できるところに二人で静かに座ってもらい、今まで誰にも話したことがないことをお互いに打ち明けてもらいます。それは、深い話や暗い秘密、あるいは罪悪感のあることや恥ずかしい話ではありません。心にひっかかっていることで、なかなか話す機会がなかったようなことです。そして次に、そのお互いの秘密に関して話し合うことです。二人で取り上げた問題なら何でも相手にアドバイスを求めても構いませんが、それは特に必要ありません。この演習のポイントは、聞いてもらい理解してもらうことです。

リーダーの立場からすれば、お互いの秘密を打ち明けさせることは個人的すぎると感じるかもしれません。その場合は、各自に次の空欄に書き込んでもらってください。「自分に関して他の人に理解してもらいたいことは［　　　　　　］です」。これはよほど控えめな人以外は全員が喜んで答える質問です。その後、経過報告をするために一週間後に二人で会って、お互いの理解が深まったと感じるかどうか話し合ってもらいます。

演習5　創造性に関する質問

創造的——意識の中のこの側面は、新しい方法で未来を切り開きます。グループがこの段階に上がると、新しいものを喜んで受け入れます。

創造力は個人的自由の側面なので、あなたのグループメンバーが創造力を自由に発揮しているかチェックしてください。次の自己評価リストを配り、匿名で記入してもらいます。

《創造性に関する質問》

パート1　私たちのチームがさらに創造力を発揮できるようにするという観点から、以下の質問に対し、「はい」、「いいえ」、「どちらでもない」のどれかを○で囲んでください。

規則は厳しすぎない。 はい いいえ どちらでもない
私は真価を認めてもらっている。 はい いいえ どちらでもない
従わせる圧力は最小限だ。 はい いいえ どちらでもない
物事が組織化され過ぎていない。 はい いいえ どちらでもない
ここではみんな楽しんでいる。 はい いいえ どちらでもない
新しいアイデアは担当者たちを興奮させる。 はい いいえ どちらでもない
新しいアイデアが上層部に伝わるのが速い。 はい いいえ どちらでもない
リスクは報酬に結びついている。 はい いいえ どちらでもない
自主的に仕事を選ぶことを許されている。 はい いいえ どちらでもない
遊び心をもつ余地がある。 はい いいえ どちらでもない
自分自身のための時間を与えられている。 はい いいえ どちらでもない
グループが賛同しているものを私は称賛している。 はい いいえ どちらでもない

パート2　前記のリストから、あなたがさらに創造力を発揮するために必要な項目を三つ選び、順位をつけてください。

1 ＿＿＿＿＿＿＿＿

2　アンケートを集めてそれぞれの質問に対する「はい」「いいえ」「どちらでもない」の回答の数を合計してください。また、パート2で多かった回答の中で上位三つを選んでおきます。

3　次回のミーティングで、この結果をグループの人に発表し、話し合ってもらいます。グループの誰もがどれだけ創造的だと感じているかが、あなたはわかるでしょう。そして一番早く改善できることは何かということもわかるはずです。

演習6　ロールモデルの〝特質〟を体現する

啓発的——意識の中のこの側面は、内なる変化をもたらします。グループがこの段階に上がると、誰もが自分の天職を見つけたと感じます。

最も長く継続するインスピレーションは心の内側から生まれます。自分を啓発してくれる模範となるような人物（ロールモデル）または原型（アーキタイプ）を、グループ全員に思い浮かべてもらい書いてもらいます。ここでの目的は、原型がもつ特質と同じ特質を表現してもらうことです。例えば、キリストが表している愛、仏陀の慈悲心、ガンジーの平和的な力強さ、女神アテナの叡智、ワンダーウーマンのパワー、などです。選んだ原型の具体的な特質の中で、自分にとって大切な特質を書き出してもらってください（複数可）。そして自分がそれらの特質の生まれ変わりとなるよう願ってもらうのです。

インスピレーションを得るために行っている、私の個人的なプログラムは次のようなものです。私は家の中に瞑想のための特別な場所を作っていて、そこには自分をとり囲むように原型のイメージを配置してあります（実際、私にはいくつか原型があり、その一つはヒンズー教の神であるクリシュナです）。毎日の瞑想を終えて目を開ける時、クリシュナ像を見て、クリシュナの強さ、愛、そしてすべてを含む叡智にフォーカスします。これらの特質が自分の中で高まっていくように静かに願います。すべての原型は意識の象徴なので、私はクリシュナを使って意識の特定の側面の代わりを務めてもらっています。私が自分の中で高めたい側面は、強さ、愛、叡智なのです。

この演習はプロジェクトやグループのゴールと直接関係しているわけではありません。しかし、グループの誰もが高次の導きへの欲求を表現することに違和感がないレベルまで来ているのなら、個人的成長や、大切なロールモデルついてグループで分かち合いができます。この時点では意識のすべての側面が高められます。なぜなら魂のレベルに近づけば近づくほど、目に見えない意識の力がさらに恩恵をもたらしてくれるからです。

演習7　自己を超越する三つの実践

超越的——意識の中のこの側面は、解放をもたらします。グループがこの段階に上がると、悟りが共有のゴールとなります。

従来、悟りは精神的訓練を通じて、特に、長く深い瞑想によって到達するものだとされています。しかし、誰でも共有できてかつ生産的な、精神性を高める道の三つの側面がありますのでご紹介しましょう。

共に奉仕する。
叡智を共有する。
精神的な共同体となる。

あらゆる叡智の伝統も、この三つの実践を重視しています。この三つは、実際には同じことを示しているのです。それは、私たちは制限された身体やマインドを超えた存在であるという認識です。私たちは、宇宙を創造し統治する無限の意識の一部なのです。従って、それぞれの実践は、小さくて限定された存在である自己を超越する方法なのです。

あなたが誰かの手助けをする時、自分と同じようにその人を尊重し、その人の欲求を自分の欲求として捉えます。世界の書物を読んで熟考すること等を通して叡智を共有する時、あなたの真の忠誠は魂にあると示しているのです。精神的な共同体としてグループを作る時は、魂のレベルで生きると、様々な経歴の人たちを平和的に統合できるということを宣言してください。この全体的な効果は、偉大な聖人や賢者によって具現化されている高次の存在レベルまで上がっていくことです。聖人や賢者たちは、偉大なビジョナリーの究極の姿なのです。

リーダーの意識が変容し、拡大する時

ネルソン・マンデラの独房生活二八年で起こったこと

意識が変容することほどパワフルなものはありません。自分の内側が完成すると、世界が最悪の事態であっても動じません。私は数年前、南アフリカのケープタウン沖にあるロッベン島を船で訪れました。不運な場合、船が座礁して壊れるほど大西洋の荒波がつねに打ち寄せるこの島は、かつてハンセン病患者を隔離するのには最高の場所でした。そこには政治犯のための刑務所が建てられ、ネルソン・マンデラもその刑務所に入れられた一人でした。

一九六四年、マンデラは反アパルトヘイト活動のため妨害工作で有罪判決を受けました。幸い絞首刑は免れましたが、その代わりに終身刑を受けたのです。今日、その刑務所を訪れた人は、ネルソン・マンデラが一八年過ごした鉄のベッドがある、小さな独房を見ることができます。その他の家具は小さなテーブルと、トイレとして使える蓋のついたバケツだけです。

現在は解放運動の記念として残されている刑務所の敷地内を歩き回ると、抑圧の重い空気が今でも感じられます。マンデラの日常生活は最低のものでした。政治犯でかつ黒人だったので、最低限のわずかな食料しか与えられませんでした。投獄中最初の一五年間はベッドも与えられず床で寝ました。石灰岩の石切り場で過酷な労働を行い、手紙を出すことや面会は、半年に一度しか許されませんでした。

これだけ非人間的な状況から、マンデラのような偉大なリーダーがどうやって現れたのでしょう? 動機に関する普通の話をしても筋違いになるでしょう。動機があれば一時的には気分が高まりますが、持続するのは難しいのです。インスピレーションはもっと永続的で、マンデラのインスピレーションは、苦しい試練の中でさらに成長することを選んだ、卓越した意識からやって来たのです。マンデラが反逆的指導者として投獄された時、彼は暴力・暴動を容認した短気な人物でした。そして彼は二七年後、大きく変貌を遂げていたのです。平等への固い意思は変わらずにもち続けましたが、釈放された時には暴力を放棄し、憎しみや苦しみという罠に陥ることもなく、アフリカ民族会議（ANC）は彼の悟りの意識に導かれて大きく変わりました。誰にも悪意を向けることなく、黒人が支配するということから、すべての人種を統合した世界を強調することにシフトしたのです。

つねに予測されていた大量殺戮も起こらずに誕生した、自由な南アフリカの父、マンデラは、非宗教的な聖人といわれるまでにその名を世に轟かせました。しかし彼が培った特質は、私たち全員に共通している源、すなわち意識から生まれたのです。これが、洞察力、育成、インスピレーション、超越の源であり、リーダーの意識が拡大すると生まれる特質なのです。そしてあなたもそれを得ることができるのです。

偉大さの種はあなたが意識を授かった瞬間にすでに蒔かれています。真実と明瞭さをコンパスにして心の内側にある道を進めば、外側の世界はあなたの意図に応えずにはいられなくなるでしょう。どのように応えてくれるか正確には予測できませんが、外側の世界の支援を通して、その道が正しいことは繰り返し証明されるでしょう。

意識のレッスン

★――魂から導くという意味は、人の欲求を満たすために自分の意識を拡大するということです。あなたの意識が拡大すると、目に見えない力があなたのビジョンを支援し始めます。

★――意識それ自身が元来もっている特質があります。自分の中にその特質を培うと、あなたが導き、奉仕する人たちの意識を上げることができます。

意識の究極のゴールは変容することです。どんな具体的な欲求でも、その先には完全に解放されたいという中心的な欲求があります。その時点であなたとあなたのビジョンは一つになるのです。

今日やるべきこと

「無限の意識への道」に出発しよう

意識を育み、拡大させるプログラム

意識は生まれながらもっているものなので、あなたは自分の外側にその意識を探す必要はありませんが、意識を育み拡大しなければなりません。今日あなたは無限の意識へ続く道を歩み始めることができます。以下のステップは簡単ですが、プログラム全体をいっぺんに取り入れる必要はありません。ゴールに向けたロードマップとして、このセクションに戻ってきてください。どこから始めても、高次の意識への道はいつでも開かれています。

1. 奮闘することをやめる。
2. 内面の声に耳を傾け続ける。
3. 意識の核に到達するために瞑想する。

4. 自分の境界線を試す。
5. 軸がぶれないようにする。
6. 個人的信念を超えて物事を見る。
7. すべての情報源から情報収集する。
8. 明確な意図をもつようにする。
9. 内なる平和に重きを置く。

意識は目には見えませんが、これらのステップに従っているとあなたの意識が拡大し、すぐにその効果が明らかになるでしょう。意識を拡大する方法を一つずつ詳しく見ていきましょう。

1. 奮闘することをやめる

最初のステップは、人生は奮闘するためにあるのではない、ということに気づくことです。**リーダーに必要なことは、困難に直面した時の精神的な強靭さではありません。**むしろ、最もスムーズで最短の、そして努力なく結果を得る方法を利用することです。それは、誰もが自分の内側に支援を見出すことが可能であることを示し、導くことです。新しいやり方（意識を拡大する方法）を実際に試し始めると、古い信念体系にしがみつくことに終止符が打てるでしょう。

2．内面の声に耳を傾け続ける

難題に対処するのがどれだけ上手になったとしても、最終的にはすべての決断は自分の内側で試されます。それを「自分の勘に従う」でも、「内面の小さな声に従う」といってもいいのですが、そのプロセスは同じです。しかし内面の声はどれも同じではなく、また同じように信頼できるわけでもありません。リーダーは、使い古しの意見や、ストレス、不安、グループとしての考え、多種多様な内側からと外側からの何層にも重なる意見すべてを突き抜けるのです。そして自分自身の中に、声なき声を見つけた時に初めて、耳を傾けるべき声が見つかったということなのです。今日からその声を探し始めてください。

3．意識の核に到達するために瞑想する

瞑想の実践についてはすでにふれました。瞑想が意識に与える影響は計り知れません。あなたの内側で待っているのは、無言の存在としての階層です。それは意識と創造の源であり、すべての可能性と解決策はここに存在しています。瞑想してこのレベルに達すると、

魔法のようなことが起こります。すべての境界線が消えてしまいます。この境界線のない状態をつねに保つことができれば、悟りの境地に達するでしょう。悟りは純粋意識の状態そのもので、そこにはすべての可能性がこの瞬間に、そしてどの瞬間にも同時に存在しています。悟りに達している人はごくわずかですが、あなたも私も短時間であれば境界線のない状態を経験することが可能です。この意識階層を訪れるたびに、何よりも心と体がリフレッシュするのです。

4. 自分の境界線を試す

意識を深めるということは内面のプロセスですが、消極的であるという意味ではありません。**瞑想することや自分の内側に向かうことはそれだけで美徳ですが、実は外側の世界を変化させる強力な手段でもあるのです。**人の欲求を満たす手助けをするとともに、あなたの人生を著しく向上させることができます。瞑想が終わった後、ストレス、動揺、感情の葛藤、混乱、競争などが渦巻いている場に戻る時、「私は自分が何で出来ているのか知りたい」と意図してください。あなたを構成する材料は、変更不可能なものではなく、毎日変化するものです。しかしながら、基本的な意識の側面はずっと同じままなのです。

これは、自分の意識を圧倒してしまうような厳しい試練に飛び込みなさいといっているのではありません。「試す」という意味はあなたの境界線が動いたかどうかを確かめるということです。ほんの少しの変化でも十分です。大きな反対を乗り越えたり、自分を証明する必要はありません。実際、その逆なのです。あなたは心地よく感じる範囲を広げていきます。意識が拡大すると、自分が強く、自信があり、能力があると思える領域も広がるのです。

5．軸がぶれないようにする

あなたのパワーはあなたの中心にあります。あなたが自分の中心に留まっている時、宇宙はあなたが必要とするものすべてに導いてくれるでしょう。それはまるであなたの行動が超流体（物理学で抵抗や摩擦が全くない状態）のような感じです。危機に非常に上手く対処するリーダーは、あまり状況に頭を突っ込まずに、つねに自分の中心に留まっているのです。どうしたらそんなことができるのでしょうか？　もし、「軸がぶれない」という状態がどんな感じかわからなければ、まずそれを知らなければなりません。前述したように、瞑想はこの状態を経験するよい方法です。私たち全員が自然に自分の軸がぶれないようになり、次のような傾向に気づくでしょう。

心が静か。頭の中のおしゃべりがなくなる。
安心感と自信。
心配していない状態。
存在しているという強い感覚がある。
静かで強力な生命エネルギーを感じる。
意識が完全に「今この瞬間」にある。

誰もが時々このような状態を経験しています。それを自分の中でさらに育んでいくかどうかはあなた次第です。自分の中心に留まることができれば、困難な状況になった時や、四方八方から色々な力に引っ張られそうになった時も、この馴染みのある内面の静かな領域を見つけることができます。変化する世界の中で、動かない場所である、あなたのパワーの源にアクセスするでしょう。

6. 個人的信念を超えて物事を見る

あなたの信念が強ければ強いほどあなたの見解は狭くなります。強く心に抱いた信念は、制限された境界線があり、意識が収縮していることの現れです。私たちが抱くリーダーのイメージは、力強い柱で、核となる信念は揺らぐことがない人物かもしれません。そして、戦争や大きな政変が起こるような状況では、そのようなリーダーが必要であると思っています。**しかし最終的には、臨機応変で、すべての側面から状況を把握でき、小さな変化も見逃さない人が最も成功するのです。**個人的信念を超えて物事を見ることは、実際にこれらの境界線を超える重要なステップです。「自分は正しいと思うけれど、全体像が見えているとは限らない」という態度を取るべきです。

7. すべての情報源から情報収集する

自分の中心軸が安定していることと、自己中心的であることは大きく違います。自分の中心軸が安定している時は、あらゆる方向から情報が流れこんできます。あなたはまるで電話回線の交換機のようにできるだけ多くの視点をもてます。しかし、自己中心的である時はエゴに支配され、自分のアイデアだという理由だけでそれが最高だと思ってしまいます。最初はこの二つを区別するのが難しいでしょう。ほとんどのリーダーは、自分が弱くて確信がないと思われることを怖れています。決断力があることが大切だと思っているので、他の意見を取り入れる余裕がありません。しかし、多くの視点を受け入れれば受け入れるほど、意識はさらに拡大するのです。

偉大なリーダーは奇妙な錬金術のようなことを実践しています。周りにいるすべての人のいうことに耳を傾け、提案されたことをすべて受け入れます。しかし最終決断をする時には心からの確信をもってその決断を後押しするのです。魔法を使うわけではありません。**自分の中心軸が安定していれば、対立する意見に揺さぶられることなく、より賢明に対処できます。**中心軸がぶれると、逆のことが起こります。多くの意見を聞けば聞くほど迷いが生じます。リーダーとして優柔不断に陥りたくなければ、自分だけで決断したり、自分のやり方や常道に固執することが答えではない、ということを学ばなければなりません。影響力をもつすべての意見に心を開きながらも、何も思い迷わなくなるのです。

8. 明確な意図をもつようにする

優秀なリーダーは、自信をもって命令を出し実行させますが、偉大なリーダーはさらに一歩先を行きます。意図をもち、実現するための手順を遂行し、そして結果を手放すのです。行動は必要です。ただ願いをかけてろうそくを吹き消すのではありません。しかし、意図は意識の一番深い階層にあるので、意図のパワーは絶大です。**意識の一番深いところから完全に明確な意図を示すと、自然の力があなたを応援します。**自然の力はあなたを応援しながら、状況という形でメッセージを送ってくるので、あなたはそれに従うのです。

おそらくほとんど何もやらなくていいか、あるいは反対に大苦戦を強いられるかもしれません。両極端なことが起こる可能性があります。しかし実際に起こっていることは、あなたの意図が結果に向けて導いているのです。

私たちの社会は物質主義的なので、意図自体が力をもっているとは教えられていません。しかし、**「夢を追いかける」という言葉は「明確な意図」とほとんど同義なのです**。それはあなたを日々導いてくれる核となる願望、あるいは夢のことです。意図が実現するのは、「夢を追いかける」という曖昧な概念を超え、以下の状況が整った時であることを認識しなければなりません。

意識の深い階層から強く望んでいる。
願望と自分自身の本質が一致している。
望む結果を宇宙がもたらしてくれることを信頼している。
手放し、強引に決着をつけようとしない。
自分の内面の葛藤や混乱を解決している。
どんなに小さなフィードバックでも見逃さない。
次に何が必要かわかるように注意を払っている。

キャンディーの販売機に一セントしか入れないのに、あなたが求める大きなご褒美が出てくることはまれです（時々このようなことが起こることもありますが）。**願望実現への道は一つずつのステップを意識することです**。まずは歩き始めてみることです。小さな意図が導いてくれます。しかし、最も大きな願望でも同じステップを経て達成されるのです。

9. 内なる平和に重きを置く

この社会ではいかに多くの量のコーヒーを飲むか自慢げに語り合ったり、アドレナリン中毒になっている状態を褒め称えたりしています。混乱とストレスに囲まれ、「興奮していること」と「真に生きているという感覚」を取り違えることもよくあります。アドレナリンの急増が気持ちを高揚させることは否定できませんが、ほんの数時間だけです。しかし、アドレナリンが減少すると、体と心が疲れ果て、ストレスによるネガティブな影響が出てきます。周りに合わせて自分も気分を高揚し続けなければと考えていると袋小路にはまります。気持ちが高揚している状態が効果的だと信じていても、ストレス状態では決してうまくいきません。**最も生産的な在り方は平和の状態です**。多くのリーダーは、このことを学ぶのに苦労しています。未来のために現在を犠牲にしています。いつか、何年か先に、休む時間が取れると自分にいい聞かせ、混沌たる状況に陥ってしまうのです。

これは悪魔と取引するようなものです。**平和は今この瞬間にあるか、全く存在しないかどちらかなのです**。私がいっている「平和」は何も活動しないという意味ではありません。平和は、無気力や不参加ということでは決してないのです。真の平和とは活気ある状態です。素晴らしいことがやってくるという期待と可能性で活気に満ちています。新しい命が生まれる直前の瞬間です。そのような平和を得るためには、まず平和に重きを置くことです。**意識はあなたが重きを置いているものをさらに運んできてくれます**。それが意識の基本ルールなのです。従って、内なる静寂の中で平和に重きを置いていると、それが日常生活の一部になっていきます。

あなたの意識が拡大するにつれて、もっと世界に奉仕できるようになります。私たちは、権威主義的なリーダーに慣れ過ぎていて、リーダーの仕事とは人のために奉仕すること、という考えを受け入れ難いのです。しかし、奉仕することが自己犠牲ではないことがわかると、これは第二の天性となります。奉仕するということは、あなたの意識の状態が、努力せずに表現されたものなのです（「あなたが誰かということが邪魔して、あなたのいっていることが聞こえない」という格言を思い出しました）。では、あなたは誰ですか？あなたは、完全に自分の意識そのものなのです。

第 四 章

DOING

行動の法則

ビジョンを実践するたった一つの方法

リーダーは行動指向的です。ビジョンを実現するには行動する以外に方法はありません。そしてビジョンと行動は一致しなくてはならず、そのためにはスキルが必要です。行動のスキルは、まず有言実行し、周りの人にエネルギーを与えて活気づけ、あなたのミッションに引き込むことから始まります。

どんな状況でも正しい行動が求められます。リーダーとしてどういう役割を期待されているのかわからなくてはいけません。意識的でいれば、あなたの役割はいずれ自然にわかってくるでしょう。ビジョナリー（明確なビジョンをもったリーダー）は、どんな役割でも果たすことができます。その適応力は魂の性質である、無限の柔軟性からきているからです。

魂から導く時の行動は、自分ではまるで行動していないような、なるように任せた状態になります。あなたは脇に退き、魂があなたを通じて行動しているようになるのです。そこには葛藤も、心配も、抵抗もありません。「なるように任せる」というのは何もしないということではありません。それは最も力強い導き方です。なぜならあなたは、魂が最高の結果をもたらしてくれると信じているからです。あなたの役割は、魂に同調することと、魂に任せておけばいかに人生が自ずと完璧に展開していくかを目撃することなのです。

行動なしに成功はない

成功と失敗を分ける五つのステップ

これまで成功するビジョナリーの、ビジョンの側面に焦点を当ててきましたが、行動せずに成功することはありません。一度リーダーが道を示せば、全員がその方向についていくことが期待されています。しかしリーダーシップの重荷は、結果はいつも予測できないということです。リーダーたちから聞かされる最も一般的な不満は、一日の毎分毎秒が、行動手段の選択の連続だということです。これでは自分自身の最も深い階層を養成する時間がほとんどありません。しかし未来をコントロールできない世界では、行動の源、すなわち存在の核である魂を無視するのは無謀なことなのです。

ここまで、あなたは他の多くのリーダーたちよりもかなり進んでいます。心の絆に秘められたパワーを学び、拡大した意識の価値を知りました。ここに深く根ざしていれば、あなたの行動はビジョンから直接起こってくるでしょう。しかし、行動をできるだけ効率よくしなくてはならないという課題もあります。

行動することはスキルであり、成功と失敗を分ける五つのステップに基づいています。

リーダーシップを取る時はいつも、以下の五つを実践してください。

1．**行動指向的でいること**。あなたの周りの雰囲気は活力に満ちていなければなりません。グループの誰もが、行動を呼びかけられると活気にあふれるでしょう。

2．**模範的な人物として行動すること**。人にやってもらいたいことをあなたが進んでやるのです。これが人の行動を引き起こす段階です。リーダーは人に割り当てた仕事をする必要はありませんが、もし自分ができるなら、それは大きくプラスになります。リーダーは完全に自分自身を差し出す模範的な人物として、人に奉仕するのです。

3．**よい、正直な意見にコミットすること**。あなたは真実を聞きたいということを示します。そして自分がフィードバックする時は、率直であるけれど前向きなものにしてください。何よりもまず、相手の貢献を強調してください。

4．**忍耐強くいること**。いつでも挫折や障害はあるでしょう。どんな重要なプロジェクトも決して順調には進みません。あなたの揺るぎない忍耐強さは、他の人たちが内心は失敗するのではないかと心配している時に、最大の武器となるのです。

5．**祝う時間を作る。** 大きな成果があった時は毎回、それを称えるお祝いの雰囲気を作ってください。ただ働き続けるだけでは、最終的に人々の熱意が消耗してしまいます。最終的な成功にたどり着くまでに、要所要所のポイントで祝うことで、前もって皆に成功を味わってもらうのです。

リーダーの本気を示す方法

明確なビジョンをもったリーダーは、優秀で熟練したチームを作ることだけでは満足しません。確かにそれは大切ですが、さらに大切なことは、グループ、そして大きくは世界全体に、自分の行動が本物であると示すことなのです。グループの中であなたが立ち上がる時はいつも、受賞歴のある演説家、イタロ・マグニが語った真実を確認してください。「あなたが頭で話せば、人々の頭に届きます。心で話せば、人々の心に届きます。あなたの人生から話せば、彼らの人生まで届くのです」。

この言葉はすぐ実践することができます。グループメンバーを呼び集め、全員の前で個人的な誓約をしてください。次に挙げる資源に投資することを約束するのです。それは、時間、配慮、エネルギー、個人的連絡、そして資金（適切であれば）です。具体的にしてください。これは叱咤激励でもなく、一瞬だけのものではありません。グループの人は「あなた」がどれだけ投資されているかを正確に知る権利があります。

次に、部屋を歩き回り、一人ひとりに自分の誓約をするように頼んでください。何に喜んで投資してくれるかを尋ねてください。全員が宣言したら、行動に移す実施計画を立てます。また、あなたがグループメンバーからのフィードバックに重きを置いていることを認識してもらうことも重要です。計画が進展していっている時、誰も取り残されていないことを確認してください。あなたの役割は、うまくいっているか確認するためのフォローアップです。あなたが投資すると約束したすべてのことをやり遂げてください。職場で上司が自分との人間関係に喜んで投資してくれていると回答している人は、わずか二〇％だということを心に留めておいてください。人に行動してもらいたければ、人間関係ほど大切なことはありません。そして、あなた自身のゴールへ向けて進捗があった時には逐次、グループメンバーと共有してください。

あなたが演じるべき七つの役割

あらゆる状況で正しい行動をするヒント

あなたが意識的でいれば、それぞれの状況でどの道が正しいかがわかるでしょう。前章でリーダーが置かれる七つの重要な状況と、それぞれの状況に必要な意識の特性を説明してきましたが、さらにはそれぞれの状況にあった行動が必要となります。

1．保護者――危機への対処

あなたの役割は危機管理者です。模範的な人物として、自信と強さを示してください。有言実行し、危機の渦中に入り、必要な時間をかけて対処します。危機状況がどのように推移しているかに関してつねに何かしらのフィードバックを探します。忍耐強くいれば、予測できる可能性を見落とさずに危機のすべての側面に対処することができます。危機が去った時、チーム全体で祝福してください。脅威から救われたメンバーを抱擁し、安心させましょう。危機によって生じる緊張やストレスを解放するのです。

2. 達成者――やる気を起こさせる

あなたの役割は動機づけることです。模範的な人物として、あなたは競争を勝ち抜く勝者でいてください。目に見える報酬を自分だけではなくグループ全体にもたらすことを有言実行します。あなたが探すフィードバックは成功事例ですが、成功への道を妨げる疑念や障害など、人々があまり共有したくないことにも注意を傾けてください。競争や挫折に直面しても忍耐強くやり続けます。これらの問題は必ず起こるので、避けることはできません。グループを勇気づけ、どんな困難も乗り越えることができることに気づいてもらいます。最終的に成功を収めた時は、称賛や報酬を分かち合って祝福し、一人ひとりの貢献を称え、皆で歓喜に沸きましょう。

3. チームビルダー――グループの皆に交渉する

あなたの役割は交渉することです。模範的な人物として、あなたが支援するのは、対立や派閥ではなく、共通の目標であることをグループに納得してもらいます。えこひいきすることなく、公正かつ公平でいることを有言実行します。あなたが望むフィードバックは同意です。意見の相違は避けられませんが、グループ内での小さな亀裂に注意していれば、大問題に発展する前に修復することができます。たとえそれぞれの派閥が頑固で、自分たちの立場に固執しているとしても、忍耐強く意見の相違を調整します。グループの結束が達成できたら、職場を離れてリラックスできる場所で祝福してください。全員で一緒に楽しめる活動を見つけて実施しましょう。例えば締め切りに間に合わせなければならないというようなプレッシャーがない状態で、グループメンバーたちに連帯感をもってもらうのです。

4. 育成者――ポイントは、共感と理解を示すこと

あなたの役割はカウンセラーです。あなたは模範的な人物として、困った時あなたのもとに相談に訪れるすべての人に、共感と理解を示します。大変な時は誰にでもあるものですから、決して判断せず、ただ共感します。あなたが探すフィードバックは、相手が話を聞いてもらい理解してもらえたと感じたことの兆候です。一方で、やる気がない人やグループから仲間はずれにされている人にも注意します。あなたを必要とする人をフォローアップし、様子を見守り、本当の人間関係を築くことに全力を尽くします。お祝いは一人ずつ、相手の個人的な喜びと癒しへのステップを共有できる時に祝ってあげてください。

5. 革新者――現状打破のきっかけづくり

あなたの役割は触発者です。あなたは模範的な人物として新しいアイデアを奨励し、未知のものに対して抵抗がないこと、むしろ興奮するということを示します。創造力が開花するための余地を創り、うまくいきそうな発見の芽を見つけて育てるのです。あなたが探すフィードバックは、現状打破の兆候です。進歩の兆候につねにアンテナを張り巡らせ、グループが行き詰まり状態に陥らないよう、また見込みのない線で調査研究を続けないよう注意しましょう。現状打破ができた時、先駆者であることの素晴らしさをグループとして評価し祝福します。

6. 変革者――自らの実践で周囲を啓発する

あなたの役割はグループメンバーを啓発することです。模範的な人物として、自分自身のより高次の欲求を具体的に示してください。そうすればあなたの声は、誰もが心の中にいだいている「変わりたい」という内側の声を増幅していきます。あなたは、メンバーに伝えている価値観をしっかりもち続けます。あなたが探すフィードバックは、グループの内面の変化の兆候です。そのグループとは社会全体ぐらい大きなものかもしれません。

人々がよりよい人間性に基づいて行動しているという兆候を見落とさないようにしてください。グループメンバーが何度あと戻りして弱点を見せたとしても、忍耐強く共感を示すのです。ここでの祝福は、感謝と敬愛を示す儀式的なものかもしれません。グループがさらに高次の力をもつ存在の子供たちとして団結します。

7. 賢者と予言者――存在そのものが光輝く

あなたの役割は純粋な光です。あなたは意識の一番高い状態に到達しました。模範的な人物としてのあなたは、高徳で清らかな魂です。存在そのものの特質である愛、真実、平和、深い知識があなたから発散しています。あなたが何をするかはほとんど関係ありません。あなたが人から求めるものも何もありません。誰もが尊敬されるべき独自の道を歩んでいることを、賢者は受け入れているのです。あなたは忍耐強く、どんな姿をした人でもその中にある人間性を理解します。あなたはすべての源である純粋な存在と一つになることで祝福します。他の人たちはあなたの内面の平和と喜びを吸収し同化することで祝福します。

人間の性質は複雑なので、演じる必要がある役割を見極めるのはあなた次第です。もしあなたが最も深い意識の段階で準備ができていると、すべての役割があなたに開かれます。ガンジー、チャーチル、リンカーンなどの歴史上で影響力のあるリーダーはこの七つすべての役割を果たしました。これが彼らの偉大さの鍵なのです。

譲歩できることとできないこと――問題解決のよりどころ

どんな状況でも柔軟な対応が求められます。しかし、あなたがうまく自分の役割を演じようとするなら、妥協してはいけない価値観があります。それは自分の内側から来るものです。それがないと、リーダーはあらゆる側面から起こる対立に苦しめられて引き裂かれてしまうでしょう。強い自我を示すということではなく、屈しないということです。問題を解決する方法は、どこで妥協しどこで妥協しないのが望ましいかを知ることなのです。次に役割ごとに譲れない価値観を挙げてみましょう。

保護者――自分の心の安定は譲りません。もし私が内面で強さや安心を感じなければ、目の前にある危機を管理できないからです。

達成者――自分の中の自信は譲りません。もし私が成功しないと感じていたら、人々を動機づけて成功させることはできないからです。

チームビルダー――自分の公正さは譲りません。全員を公正に扱わなければ、人々を説得して、意見の相違を解消することができないからです。

育成者――自分の中の洞察は譲りません。人々の本当の感情を見つけるために表面だけでなくその奥が見えていなければ、理解されたと思ってもらえないからです。

革新者――自分の好奇心は譲りません。すべての可能性を受け入れなければ、新しい発見への道を導くことはできないからです。

変革者――自分の道徳的ビジョンは譲りません。私が啓発されたリーダーでなければ、人々をより高次の生き方に導くことはできないからです。

賢者と予言者――もはや譲らないものは何もない私は、独自の存在です。宇宙はすべてのものをもたらし、また宇宙にもって帰るのです。創造と破壊のサイクルにつながり、私はその両方を包含します。

これらのことは、最も困難な状況に陥った時にあなたを支えてくれる内面の価値感を示していすす。価値観はあなたの一部ですので、譲歩してはいけません。価値観を譲歩することは自分自身を破滅させるようなものです。今あなたが演じている役割が本当に自分に合っているかを知る最も確実な方法は、どこで妥協し、どこで妥協しないかについて、確信していることなのです。

どうしたら最善の行動を取ることができるのか？

緊急事態！　あなたならどうする？——三人のリーダーが教えてくれること

自分の役割を演じている時、成功する行動に向けた具体的な手がかりがあります。覚えておいてもらいたいのですが、**リーダーとしての偉大さを決めるのは、あなたがどれだけ自分の役割に合っているかどうかではありません。究極の決め手は正しい行動です。**それは明確で、断固としていて、意図した結果に導く行動です。二〇〇五年にアメリカ東部を襲ったハリケーン・カトリーナや、大量の石油流出のような緊急事態が起こったと想像してみてください。チームメンバーと共に現場に最初に到着した者として、あなたはリーダーとして最短の時間で断固たる行動をとらなくてはいけません。あなたには三つの選択肢があります。

A　ワシントン政府と共に一連の指令を出します。マニュアルにはこのような危機に対処するための承認済みの手順が載っています。どこもかしこも混沌としていますが、上層部からの命令を待ちます。あなたにはやらないといけない仕事がありますが、正しいやり方に従います。自分自身や自分の仕事を客観的に眺めても、何も間違ったことはしていません。あなたは自分の上の権力に対して忠実でいます。

B　あなたは動き続け、現場の緊急事態を判断しています。最もダメージがひどい場所へ駆けつけ、最も助けが必要な場所で援助をします。ワシントンとは定期的に連絡を取りますが、主には自己責任です。どのような結果になろうとも、ここは自分の舞台です。将官が現場の軍隊に命令を出すように、断固たる態度で命令を出し、メンバーを命令に従わせます。上層部があなたに信頼を置いているおかげで、あなたは状況のコントロールを失うことがありません。

C　毎日破壊された現場を訪れますが、それ以外は動きません。権限を委任し、補佐官たちが彼ら自身で難しい決断をしたがっているに違いないと考えています。すべての段階で、問題を解決する最高の適任者は誰かを判断します。あなたのやり方は臨機応変です。リスクを冒すことを躊躇しません。なぜなら、緊急事態を切り抜けるには最高の形で任務を遂行することが必要になり、これを成し遂げるにはリスクは避けられないことをあなたは知っているからです。ほとんど不可能に見えるゴールと期日を設定しますが、何らかの方法で達成されます。

リーダーの才能とは何か？

これらの三つのパターンはよく見られる行動です。マスコミが絶え間なく報道する時代では、危機がどう対処されるかを一般の人々が見ています。最初のリーダーはチームプレーヤーであり、決してルールを破ることはしないのですが、二人目のリーダーとの違いは歴然です。二人目のリーダーは強い個人的責務をもって対応し、自分自身で現場を監視します。しかし三人目のリーダーのようなタイプは、なかなかいません。なぜなら他の人には予測不可能で自発的な行動をとるからです。彼は外側の世界よりも心の内側でもっと行動しているのです。内なる導きに従うので、時には何かの考えに没頭したり、状況と距離を置いて冷静にしているように見えることもあります。

三人目のリーダーはどう行動するか意識的に選んでいます。どんな緊急事態でも、意識の根源から行動します。彼は三人のうちで最も賢明に行動します。なぜなら自分自身の視点だけでなく、できるだけ多くの視点から緊急事態を把握しようと試み、全体像を把握するからです。知性は意識の特質の一つです。ある人が他の人よりも知性があるといえば、知性は個人的なものですが、それは限定された違いでしかありません。偉大なリーダーはグループで最高のIQをもっている必要はありません。リーダーの才能とは、できるだけ多くの知性を集め、あらゆる方向に目を向けることなのです。

賢明な行動への鍵SMART

頭文字を使ったSMARTという方法を以下に説明します。これは危機や緊急状態だけではなくリーダーシップを取るどんな状況にも使えるものです。あなたがどんな役割を演じたとしても、賢明に行動することができます。

S（Stretch：伸ばす） グループの理解力を引き伸ばして広げます。ビジョンが作用し現実化する可能性があることをグループメンバーが理解できるようにしてください。反復や、決まりきったやり方は避けてください。

M（Measure：測定する） ゴール達成に向けての各ステップを測定してください。測定可能なゴールは具体的で目に見えるものです。グループ全体で情報を共有してください。不明確さや曖昧さは禁物です。

A（Agreement：同意を得る） 決定は同意に基づかなければなりません。参加者全員の同意を得て前に進んでください。一方的な行動や勝手に決めた規則は避けてください。

R（Record：記録する） 前進した記録をつけてください。これから繰り広げられる旅の物語で、誰もが登場人物であることをグループの人に知らせてください。手当たりしだいや無意味な方法は避けてください。

T（Time：期限を設定する） ゴール達成に期限を設けてください。これは束縛ではありません。明確な終了日を意識しながら、各メンバーが自由に自分のペースを見つけることができるのです。期限のないスケジュール設定を避けてください。

賢明（SMART）に行動することを意識的に決めると、リーダーとしての二つの大きな落とし穴を避けることができます。一つ目はエゴです。これは自分だけを唯一の権力者、注目の的、正しい人物として、信頼してしまうことなのです。二つ目の落とし穴は狭い視野です。知性は宇宙のあらゆるところに存在しています。私たちの体の個々の細胞や、すべての人の中にも存在しているのです。従ってこの領域にアクセスする最も自然なやり方は、あなたの視野を広げることなのです。より遠くに網を投げれば、より多くを知ることができるでしょう。

魂からの行動をしていくための質問

大きな成果をあげるには、間違った行動ではなく正しい行動をとることが大切です。その違いは不確定な未来にあるのではありません。あなたの中に、そしてあなたのビジョンの真偽の中にあるのです。あなたが源です。あなたと共に、そしてあなたの中で、ひらめきが起こるのです。従って、グループ全体の中であなたの立場は特有のものです。あなたが魂（正しい行動が始まる場所）から真に行動していることを確認するために、次の自問をし続けてください。

自分の行動はグループの本質を象徴しているだろうか？
自分は自分のビジョンが求める行動をしているだろうか？
自分の行動は表面化したニーズに対応したものだろうか？
自分がやると全員に約束したことをやっているだろうか？
自分のもつ意図それぞれの妨げとなっている障害を取り除いているだろうか？
自分の行動がうまくいった結果の喜びと満足感を確信しているだろうか？

魂の声にゆだねる――non-doingの教え

スポーツ選手が「ゾーン」に入る時

魂から導くことにより起こってくる典型的なことは、奮闘することをやめて人生が自然に展開するのに任せることです。東洋のスピリチュアルな伝統では、このアプローチはnon-doing（無行動）と呼ばれていて、doing（行動すること）よりもさらにパワフルなことだと捉えられています。**「無行動」を実践すると、より多くのことをより少ない努力で達成することができるのです**。これは「何もやらないこと」とは全く違います。例えば、フットボールや野球などのスポーツ観戦に来ていると想像してみてください。興奮するような瞬間が訪れました。試合終了直前の最後のタッチダウンパスの瞬間、あるいはボールがフェンスに向かって高く舞い上がる瞬間です。フィールドにいるレシーバーや外野手は、すべてが自分にかかっていることを知っています。彼の体と頭の集中力はピークに達しています。試合はあまりにも速く動いていて、成功するか失敗するかは一瞬の差で決まってしまいます。

このような状況で「ゾーン」と呼ばれる状態に入ることがあることを、スポーツ選手は報告しています。その瞬間、緊張しているにも関わらず、非常にリラックスしていると感じるのです。耳をつんざくような声援は消えて沈黙に変わり、選手は落ち着いて、ボールをキャッチすることを完全に確信しています。まるで、自分は全く関わっておらず、ボールがまさに必要とされている場所に最高のタイミングでやってくることが決まっているかのように、自分の動きを目撃している感覚です。選手が「ゾーン」に入っているかどうかは、スタンドにいる聴衆にはわかりません。外から見ると同じなのですが、選手の内側での経験が劇的に変化しているのです。奮闘していたのが、なるように任せることに変わり、「行動すること」が目に見えない線を超えて「無行動」に変わるのです。

人生はコントロールしなくてもうまくいく

ゾーンの状態に入ることは予測できませんが、なるように任せることを学べば、その状態に入る準備となります。私たちは体を一生懸命働かせようとすることもありますが、ほとんどの場合、自分は一歩退いて体がするように任せています。心臓、肺、腎臓、脳は、私たちが何もしなくても働きが悪くなるわけではありません。実際、血圧のことを心配すると血圧が上がりやすくなります。例えばある単語を思い出そうと必死になると、なかなか思い出せません。体そのものに備わる知性に任せて働かせることと、それをコントロールすることとの間に絶妙のバランスがとれているのです。「無行動」に関する東洋の教えでは、体をコントロールすることから身を引くように、人生をコントロールすることからも身を引くことができるとしっかり伝えています。**あなたの人生は、コントロールしなくてもうまくいくのです**。**あなたの人生は、流れて展開し、成長し、進化します**。任せることによって、魂が何を求めているか目撃できるようになります。そして魂を信頼すると、魂が望むこととあなたが望むことが完全にかみあうのです。その二つが統合すると、ゾーンの状態に入ることは、フィールドでの競技中に起こる魔法ではなく、あなたの人生の生き方そのものとなるのです。

ゆだねる時の四つの原則

ビジョナリーとして成功している人はこの段階に達していて「無行動」を自然にやっています。人生の展開に身を任せることがどのようなものであるか経験しているので、大きな強みをもっているのです。リーダーとしてこのやり方を利用すれば、大切なプロジェクトを失敗させてしまうような奮闘、心配、ストレス、コントロールを避けることができます。人を導くためには、魂に任せて仕事をするのが最も効果的でスピリチュアルなやり方なのです。特に次の四つの原則が魂レベルから作用しています。

意識には組織化するパワーがあります。
意識は創造力を飛躍的に進歩させます。
意識は成長する方向へ自然に動きます。
意識は無秩序から秩序を創り出します。

「意識」という言葉の代わりに「私」という言葉で置きかえてみてください。これらの四つの原則はあなたを通じて存在しています。あなたがその四つの原則を活性化し、作動させるのです。これがグループの魂として行動することの真の意味です。魂に任せ、あなたを通じて行動してもらうことによって道は開かれ、そして一緒に働いている人が皆、自分の魂を活性化することができるようになります。しかし、奮闘したり、心配したり、コントロールしようとする時、魂の影響力は妨げられます。ビジョナリーは、そうならないように実践的段階を踏んでいます。四つの原則のそれぞれに、やるべきこと、やってはいけないことが明確になっています。

原則1「私には組織化するパワーがあります」

やるべきこと——出来事が起こるままにすること。何かが行き詰まった時は、様子を見てみるという態度をまず取ることです。確信し、落ち着いていると感じる時に動きます。他の人たちに対してもその人の自然なやり方ができるようにしてもらい、様々なアプローチを受け入れてください。魂には計画があることを信じ、完全にわからなくてもすべて自然の成り行きで展開していくということを知ってください。

やってはいけないこと――計画を過度に立てすぎること。計画を立てる時は、変更の余地を残しておくことです。一つの正しいやり方を押し付けてはいけません。詳細を前もって確定してしまわないように。未知のことに対して心配しないことです。未知の部分に最も創造的な解決法が含まれているからです。前もってすべてを知っておかなければならないという考えに凝り固まってはいけません。不確かな時は、考え過ぎず、物事を早急にコントロールしようと焦ってはいけません。

原則2「私は創造力を飛躍的に進歩させます」

やるべきこと――予定外のことが起きることを予測し、それに対して心地よい状態でいます。新しい解決法を自問したらいったん手放し、自分の中で解決法が生み出されるための時間を取ってください。答えは必ずあるということを信じ、問題を超えたところを見るのです。たいていの場合、解決法はほとんどつねに問題と別のレベルにあります。直感に頼ってください。直感に従い、直感がどこに導いてくれるかを楽しみます。偶然の出会いが素晴らしい結果をもたらしてくれることが、多々あります。考え方が違う人と連絡を取り合い、彼ら独自の視点からどういうことをいうかに注意してください。ひらめきを日記に書きとめ、同時に想像力を自由に働かせるようにすればなおさらよいでしょう。

やってはいけないこと――失敗した同じアプローチを何度も繰り返すこと。最初に試してうまくいかなかったことをさらにやっても、あなたの望むところにはたどり着きません。あなたの考えにすでに賛成している人とだけ話さないように。ばかげたアイデアやとっぴな夢にも心を閉ざしてはいけません。予想外の現状打破につながるかもしれないからです。あなたは無限の創造力の源であり、そのドアは開かれるのを待っているということを忘れないでください。

原則3「私は成長する方向へ自然に動きます」

やるべきこと――意識には限界がないので、成長にも限界がないことを信じてください。人生を教室のようにとらえ、毎日が学校での最初の日だと思うのです。選べるのであれば、自分より遅れているレベルのクラスでトップになるより、自分より進んでいるクラスで最下位になるほうがよいでしょう。最高の達成点を目指し、あなたという存在の核から少しずつ導かれてください。成長を促すには、エネルギー、注目、情熱という肥料を足してください。

やってはいけないこと——最後までたどり着いたと思うこと。いつでも進化の次のステップが待っています。すべてを知っていると思ってはいけません。どんな時にも次の段階があります。視野を狭くしないことです。もう十分だと満足してしまってはいけません。

原則4 「私は無秩序から秩序を創り出します」

やるべきこと——すべてに理由があることを信じてください。無秩序に焦点を当てるのではなく、そうなっている理由を探し、現れつつあるさらに大きな全体像に心を開いてください。あなたの仕事の意味と目的をつねに意識し、毎日の努力の陰にあるさらに偉大なよきものを思い出してください。新しいレベルでの成功が達成されたらさらなる高みを目指してください。自然界には無限の秩序があるので、どんな複雑なものでも秩序を生み出すことができます。

やってはいけないこと——無秩序に対して抵抗すること。創造は無秩序を使って新しい答えをもたらします。独断的、または融通のきかないやり方を押し付けてはいけません。自然が展開する美しい秩序に比べたら、頭を使って押し付けた秩序は醜いものです。状況にストレスを加えないでください。自分が居心地悪いからという理由だけで、変化に抵抗してはいけません。現れようとしている新しい秩序に心を開くことです。

魂はあなたを導きたがっている

これらの原則を取り入れると、「なるように任せる」ことには大きな力があることがわかるでしょう。人生という旅の全ステップを把握しようとする代わりに、魂に任せて次に必要なことは何かを示してもらうのです。次に必要なことは予測できません。素晴らしいアイデアが次はいつやってくるか、正確な日や時刻がわかりますか？　繰り返しますが、これは何もやらないということではありません。あなたの魂が急に行動を始めるようにいうかもしれません。しばらく様子をみるようにいうかもしれません。あるいはその折衷案なのかもしれません。要するに、意識が必要な場所に流れ込んでくるということです。魂がその時々にふさわしいメッセージを送るのです。

「無行動」の謎の中に、シンプルで深遠な真実があります。**それは、魂があなたのことを全面的に導きたいと思っているということです**。真のリーダーは心の底から奉仕したいと思っているので、この真実が具体的に顕れてくるのです。リーダーとしての最高の達成は、他の人に達成をもたらすことです。従って「行動すること」と「無行動」は、反対のように思われるかもしれませんが、実際には統合します。無行動でいると、魂に近づいていきます。このレベルからは、あなたの為すことすべてが人生の最高の目的、グループ全体のウェルビーイング、そしてあなた自身の個人のミッションのために奉仕してくれるのです。

行動のレッスン

★――魂から導くということは、あなたの存在のレベルから正しいことをすることです。あなたの行動は意識に基づいています。あなたの行動が深いレベルから生まれている場合、宇宙に応援されます。

★――リーダーが演じる役割は、状況とその状況での欲求に左右されます。あなたの意識が広がっていれば、人生がもたらす七つの基本的状況に合った七つの役割をすべて満たすことができます。

★――スピリチュアル的ないい方をすると、行動する最高の形は non-doing（無行動）、すなわち「なるように任せる」ことです。これは魂から直接起こる行動です。無行動でいる時、あなたの存在そのものが、各段階で進むべき方向を示し、最高のゴールへと導きながら展開するのを目撃していきます。

今日やるべきこと

重要な決断をしなくてはいけないなら……

リーダーとして、あなたは自分の行動で人に判断されることになり、そして行動の前にやることは意思決定です。意識が深まると正しい決断をする確率が高くなります。決断が間違ったものではなく正しい方向に導くものであれば、他の人たちの感情、雰囲気、そして感覚が違ってきます。これは決断をしている時にはいつも当てはまります。意思決定のプロセスの進行状況を注意深く見ていれば、その違いに気づくでしょう。

うまくいく決断にはある共通の特徴があります。重要な決断を今日しなければいけないのなら、あるいは近い将来しなければならない決断について考える時にも、以下の自問をしてみてください。

この決断は正しいと感じる？

それは公平で正直なものだろうか？

いわれたことを信じられる？
どこにひっかかっている？
自分の手に負えないような状況に陥っていないだろうか？

過去に自分がとった間違えた決断を振り返ってみると、これらの質問が適切に投げかけられず、答えられていなかったことがわかるでしょう。リーダーシップの各レベルで、過去の多くのリーダーと同じように、あなたも意思決定プロセスのどこかで思い違いを始めたのです。真我、すなわちあなた個人の価値観や目的の核心から離れてしまったため、現実ではなく幻想にだまされてしまったのです。同じ過ちを繰り返してはいけません。

よい意思決定が行われる環境には、あなたが魂と同調していることを示す一連の要素があります。

以下のリストを使って、あなたの現在の決断が大きい小さいに関係なく存在のレベルから応援されているかどうかを確認してください。

正しい決断の二〇要素

1 楽観的である。
2 願望的な思考にふけっていない。
3 うまくいかないかもしれないことに対して過度に心配していない。
4 不必要に怖れることなくリスクを評価できる。
5 過去の失敗に対して誰かを責めていない。
6 自分を何度も安心させようとする必要性を感じていない。
7 グループには全員にとって最善なことをしてもらいたいと思っている。
8 冷静さと公正さをもって批判を評価している。
9 適度にリスクを冒すことを決めている。
10 解決策がいつも自然に現れることを信じている。
11 自立的な思考を奨励している。
12 細かい詳細にとらわれていない。
13 できるだけ広範囲の人々の話を聞いている。
14 最善の道は各状況で違うことに気づいている。
15 残酷にならずに正直な判断を下している。

16　気が散ることなく集中している。
17　誰かが前向きなアイデアを出した時は十分に褒める。
18　制約を最低限に抑えた合理的なルールを定めている。
19　自分の権限に対して謙虚で、誰も弱小に感じさせていない。
20　真の情熱から意思決定に参加している。

以上のすべて、あるいはほとんどの要素があれば、あなたの意思決定は非常に意識的で、よく調和したものだといえます。一方、これらの要素がほとんどなければ、あなたの意思決定は困難や抵抗に遭っているでしょう。自分の内側が明確になって初めて、あなたの選択は明確になり、信頼できるものになるのです。

今日、意思決定するのがよくないと思うなら、決定を延期してください。明確で、首尾一貫していて、穏やかで、自己意識のある内面の場所をまず見つけることです。秘訣はいつも同じで、どんな状況もまずあなたの内側で始まり、今この瞬間のあなたを反映しているということです。魂は最善のことを望んでいます。**意識が拡大すると正しい道が間違いなく見つかるということを信じてください。**「内側」の状況が落ち着いていて明確であれば、「外側」の結果は自然についてくるのです。

第五章

EMPOWERMENT

権限委譲の法則

権力の「影」を超えるヒント

権限とは行動が成功した結果、得られる果実です。行動する時にはつねに権力が必要です。なぜなら困難や抵抗があった時、ビジョンを維持する権力がなければ、あなたのビジョンは弱まってしまうからです。これは自分の欲求に駆られたエゴから来る権限ではありません。あなたは自分に権限を与えると同時に、他者にも権限を与えているのです。

権力と精神性は相容れないという信念は間違っています。あなたの根源には無限の可能性の領域があり、達成への道にはすべての可能性が含まれているのです。あなたの魂は、権力と精神性の両方を同時に示してくれます。あなたが現実として顕現できることを通して、あなたの権力が妥当であると確認されるのです。

しかし、権力には影として知られている闇の部分があります。この影の部分の怒り、怖れ、羨み、強欲、敵意が、リーダーに問題を起こします。影は、リーダーの善意や理想を歪めてしまうのです。あなたはリーダーとして、自分の影について知っておかなくてはなりません。そしてあなたは闇を光と統合することによって影を抑えることができます。善と悪、光と闇という欲求の争いを超越すると、魂のパワーは完全にあなたのものになります。これが全体性のもつパワーなのです。

古今のリーダー「権力の四原則」

リーダーに権力は必要

　どんなリーダーでも権力が必要ですが、権力ほど多くの問題を起こすものはありません。権力なしに行動することもあり得ません。ゴール達成に必要な権力がなければ、あなたのビジョンはいつまでも実現しないでしょう。**まずは権力がどう作用するかについて現実的に知っておかなければなりません。**そうすれば、自分自身に権限を与えることができ、人に権限を与える方法もわかります。これがリーダーのできる最大のことなのです。権力は乱用されがちです。歴史を振り返ってみると、古今のリーダーに見られる権力の法則があります。

1．権力は蓄積する。権力を得れば得るほど、さらなる権力を手にする。
2．権力者は繁栄した後に衰退する。高く上昇するほど、転落はさらに確実になる。
3．権力は堕落する。始めはよいことをしたリーダーも、最後には悪事を働く。
4．権力は特別なものである。一般人は好むと好まざるとにかかわらず、権力を欲する一握りの人に自分の力を明け渡してしまう。

人は自分たちのリーダーを信頼したいと思っている

これらの法則はいつも作用していて、わざわざ歴史の舞台をひも解いてみる必要もないでしょう。砂場で遊ぶような幼少期から、子供はいじめっ子といじめられっ子、与える子と受け取る子、強い子と弱い子、というようにわかれます。心理学者でさえも、男女の役割は幼少期に決められるといっています。男の子はどうやって権力を行使するか、女の子は魅力的で従順であることで、どう権力に働きかけるかを学ぶというのです。しかし、このような簡単な子供の例を述べるだけでも反論を招くでしょう。誰も弱い子だとはいわれたくないし、女の子だというだけで、自分の役割が男の子よりも重要でないとはいわれたくないでしょう。権力はつねに厄介なものなのです。

魂から導くということは、こういう厄介な問題に意識的にアプローチして解決していくということです。意識が拡大していると、権力のパターンは固定的でも必然的なものでもないということがわかります。四つの法則は、逆転させてもっと人情的なものに変えることができます。

四つの原則を逆にしなければならない

1. 権力は蓄積する

この原則を逆転させるには、個人的な権力を放棄し、超個人的な権力を手に入れることです。超個人的な権力は誰の中にも見つけることができます。それは共感、思いやり、手放すこと、より深い自分の個性を見つけるためにエゴを超えることが基になっています。

2. 権力者は繁栄した後に衰退する

この原則を逆転させるには、あなた自身を安定していて絶えずそこにある「存在」の階層に立脚させることです。その存在は、創造の源である目に見えない量子場の階層から宇宙にエネルギーを与えて、目に見えるすべてのものを生み出しています。ここではすべての可能性が平等なのです。どんな状況でも最高の可能性を引き出すことができれば、あなたの権力は安定していて、上昇し過ぎたり、下降してしまうというリスクがありません。

3. 権力は堕落する

この原則を逆転させるには、「影」の部分から学び、ネガティブな影響をポジティブな影響に変えることです。リーダーシップの役割には闇の部分があるのですが、これに気がつかないと堕落してしまいます。しかし、怒り、反感、身勝手さ、強欲、ねたみなどの影のエネルギーは人生全体の一部に組み込まれているのです。影のエネルギーは自然の破壊的側面を表していて、これがないと創造も起こりません。この影を創造的に活用できるようになると――それが究極の目的なのですが――権力があなたを堕落させることはなくなるでしょう。

4. 権力は特別なものである

この原則を逆転させるには、人々はあなたと対等であることを示し、人々に権限を与えることです。実際、権力はあらゆる場所にあるものなのです。一つの原子、銀河系、単細胞のバクテリア、そして人間の脳の中に、同じエネルギーや創造力、秩序が存在しています。私たちは外見にだまされて、権力＝パワーの源である、隠れた目に見えないレベルを見落としているのです。このことをあなたが共有すると、人に権限を与えることができ、その人の中にあるパワーの源を活性化することができます。

この四つの原則をすべて逆転させると、あなたは完全に権限がある状態になります。しかし、権限が目的なのではありません。権力がないと多くの問題が起こりますが、権力が乱用されても、やはり問題が起こります。

権力をより深い価値観と結びつけなければなりません。周りを見渡すと、世界には専制政治、抑圧、軍事力、弱者の迫害など、様々な恐怖が存在しています。あなたはこれらの問題に対抗する力になれますが、今すぐ意識的に権力に向き合う意欲が必要です。

誰のため、何のための権力か？

エゴに基づいた権力とどう違うのか？

逆転したい最初の原則は「権力は蓄積する」です。多くのリーダーにとって、これは大きな誘惑です。なぜならリーダーには人を管理し、コントロールし、決断を下したいという欲求があるからです。リーダーのビジョンは害のないものかもしれません。暴君は皆、大義のために尽くしていると思っています。しかし、本当の問題はよいか悪いかではなく、エゴなのです。エゴにとって、もっと何かを得るための理由はいりません。「私が、私を、私の……」といっているエゴが支配すると、あなたは立場や地位を自分だと思ってしまいます。本来、エゴは不安定なので、自分が強くいるためには、人が弱くなくてはいけません。**エゴの観点では、すべての競争には勝者と敗者がいます。**勝者が栄光を勝ち取ると、敗者は不名誉を受けることになります。

エゴがあなたを蝕む前に、超個人的な権力につながらなければなりません。**超個人的な権力はエゴに基づいているのではなく、誰の中にも平等に存在しているものです。**超個人（Transpersonal）とは、「個人を超えた」あるいは「誰にも属する」という意味です。そのような普遍的な特性を生かすことによって、あなたはリーダーとして、対等な関係の中の最初の人となります。誰もが望むことをさらに多く実現することで、あなたは最初の人となるのです。脅威的な存在ではなく、他の人たちを啓発してください。多くの人が望んでいることを実現する時、あなたは超個人的な権力を使っていることになります。ある研究で、「リーダーに何を最も求めますか？」という質問に対し、何千人もの人から寄せられた回答の中で上位四つは信頼、思いやり、安定感、希望でした。あなたの権力がこの四つをもたらしていれば、あなたのパワーは個人的なものから個人を超越したものにシフトしているのです。

信頼——操られたり、欺かれたりしない安心感

人々は自分たちのリーダーを信頼したいと思っています。リーダーに操られたり、欺かれることはない、という安心感を求めています。信頼とは目に見えない絆で、「あなたが何をやっているかはわかりません。あなたをコントロールすることもチェックすることもできませんが、それはどうでもよいことで、私が信頼しているということだけで十分です」といっているものです。リーダーは有能で、約束を守る人物であると、人々から信頼されなければなりません。

誰に対してもオープンで秘密をもたず、状況を現実的に説明し、困難に対処するために状況に即したステップを踏んでいることを示してください。そうすると、あなたはリーダーとして力があるということを信じてもらえます。信頼されないリーダーは逆のことをします。秘密漏えいを阻止することで頭がいっぱいで、自分は恐るべき存在であることを知らしめます。真実は語らず、自分が権力を維持できるような話をします。

信頼を築くために必要なものは、正直さ、公平さ、そして能力です。

思いやり——ともに思い悩むことから始まる

思いやりがあると、人は自分のことを大事にしてもらっていると感じます。思いやりは

誰もがもつ共通の人間性を引きだし、グループが分裂するのを防ぎます。困難な状態に陥った時はいつでも「他人のことは構っていられない」という考えと「団結しなければならない」という考えの間で葛藤が起こります。身勝手さと共感力が戦っているのです。リーダーは、人々のこの葛藤を思いやり、すなわち「共に思い悩むこと」で解決することができます。あなたがみんなの痛みを感じていることを示すことで、グループの人たちが団結しようという気になるのです。そうすると、グループのメンバー同士でお互いに思いやりが生まれます。人間とは、相手の立場に立ってその人の気持ちを理解すると、相手を尊重せざるを得なくなるのです。

共感は痛みについてだけではありません。他の人たちの人生の喜びも感じてください。人の成功はあなたの成功であり、あなたの成功はその人たちの成功なのです。これが起こると、孤立している人を隔てていたギャップを埋めることになります。**思いやりは消極的で「柔らかな」態度であるイメージがありますが、強力な忠誠心につながるものです。**お互いに助け合うようになり、共に感謝し合います。人々がいったんお互いに共有した事柄について感謝の気持ちをもつと、個人から超個人への境界線を越えるのです。

思いやりを築くために必要なものは、共感、尊重、感謝です。

安定感――嵐の中の避難所としての存在

魂は平和で、静かで、どんな変化にも対応することができます。これは超個人がもつ特性で、私たちの存在の一番深い階層に根付いているものなのです。これはリーダーとして他の人を安心させるために示さなければならない特性です。**リーダーが不安定でいると不確実性を生み出し、人々はまるで足元の地面が崩れていくように感じます**。理性はパニックに取って代わります（銀行が残高不足だという噂が流れるだけで市場が大きく揺れるのはこのためです）。

安定の最も基本的な側面は生存です。それは、仕事に対して賃金が支払われるとわかっていることから始まります（ギャラップ調査では、自分の勤めている会社の経済的安定を信じている労働者は、そうでない人に比べて仕事への取り組み度合いが九倍にもなるという結果が出ています）。しかしリーダーとしては、さらに深い安定感を提供しなくてはいけません。状況が危うくなると、不確実である状態が大きなストレスになり、誰もが孤独を感じます。孤独に対処するためには、リーダーは支援します。「**あなたのためにいつでもここにいます**」**というメッセージを行動で示すのです**。不確実性に対処するためには、つねに信頼される存在でいることです。リーダーは突然きびすを返して自分のことだけ考えたりしません。そのようなリーダーは存在するだけで皆を落ち着かせることができます。

リーダーは嵐の中の避難所として尽くします。そうすると他の人たちも自分の中にも同じ特質を見出すことができます。こうしてリーダーシップは個人の境界を越えて超個人へと広がるのです。

安定を築くために必要なものは、信頼、支援、平和です。

希望――明るい見通しはパワーをもたらす

希望は信念に基づいているものなので、目には見えません。あなたの役割はそれを誰よりも信じることです。誰にもまだ見えないよりよい未来を提供するのです。絶望は人生が好転する機会を奪う最悪の感情であり、絶望すると未来へのビジョンを見失ってしまいます。今日の苦しみが明日への希望をくじいてしまいます。しかし魂のレベルでは、見えない可能性がいつも生まれており、未来はいつも開かれているのです（ギャラップ調査によると、「未来に関してリーダーに勇気づけられていますか？」という質問に対して、「はい」と答えた六九％の労働者は仕事にもよく取り組んでいました。「いいえ」と答えた人の中で仕事によく取り組んでいた労働者はわずか一％でした）。

リーダーとして明るい未来をいつも見据えておかなくてはなりません。**明るい見通しはパワーをもたらします**。人は直観的にこのことを感じ、危機を乗り切ることが困難な状況にあっても希望を捨てません。希望とは、ひどい嵐の中でリーダーが消してはならない揺らめくろうそくの炎のようなものです。

他の人たちに希望を与えるためには、鼓舞させるような言葉は始まりにすぎません。人々は希望を失うと、どちらに進んでいいのかわからなくなってしまいます。従って、リーダーは明確な方向性と明確な手順を含んだ計画を示さなければなりません。人々が自分の方向性を自分で決められるようになったら、それは希望の兆しです。しかしそれができるようになるまでは、リーダーが方向性を示さなければならないのです。

危機が起こった時にはすぐに直接実務に関わって、回復するための作業指示を行ってください。また、不利な立場に置かれている人々を気遣い、恥や自責心を乗り越えられるよう導いてください。**導くというのは、自信、能力、称賛に値する美徳などの取り戻すべき価値観を指し示すということです**。あなたが人々の中にこれらの価値観を見出すことで、その人たちも自分の中に同じ価値観を見始めます。前進するための具体的方法が見えるように助けてあげると、彼らの信念の拠りどころとなるのです。それが、個人の境界を越えて超個人になったことの証明です。なぜなら、信念はどのように定義したとしても、高次のパワーを信じることが基本になっているからです。

希望を築くために必要なものは、方向、導き、信念です。

宇宙の根源からもたらされる不変の力

パワーはすでにあなたの中にある

逆転しなければならない二つ目の原則は「権力者は繁栄した後に衰退する」です。衰退する理由はたくさんあります。権力欲の強い人は自分を引きずり落とそうという人を敵に回すことになります。最初から精神的に不安定で、最終的に悪事や秘密工作で自分を失脚させてしまうのです。エゴ自体がとても不安定なので、自分の間違いに気づきません。崩れる運命にある、過大なセルフイメージを必死で作っているようなものです。しかし魂の観点では、これらのうちどれも重要ではありません。スピリチュアル的には、権力を求めることは権力を失うことなのです。なぜならあなたが求めるものは、あなたがすでに内側にもっているものだからです。ベンガル人の偉大な詩人、ラビンドラナート・タゴールはこの真実を「求める者は門で扉を叩くが、愛する者は扉が開いているのを見つける」という一節に見事に表現しました。愛は存在の一面なのです。あなたが存在の源から行動すると、あなたが引き出すパワーは無限です。なぜなら、そのパワーは宇宙の根源から来ているからです。その権力は安定していて、上がったり下がったりすることはありません。その権力に頼れば、トップまで上りつめなくても権力を得ることができるのです。

行動することや考えることにエネルギーを注ぐタイプ

三人のリーダーが同じことを成し遂げたいと思っていると想像してみてください。会社を立ち上げる、橋を作る、新しいアイデアや発明を世に広める、などです。リーダーAは行動するタイプの人物です。自分のゴール達成を手助けしてくれる人々とつながります。よいチームを作るために人を雇い、プロジェクトに対して、人々を自分と同じように興奮させる方法を知っています。毎日が人と会う約束と意思決定で一杯になっています。それぞれの活動の中心で自分が要になっていて、すべての決断は自分を通じて行われます。すぐに自分がなくてはならない人物になってしまいます。こういう権力はとても効果がありますが同時に最も不安定です。成功しても、ついて来られない人がたくさんでてしまいます。または自分より強くてカリスマ的な人物に打ち負かされるかもしれません。要求されるエネルギーや時間が増大していくことに耐えきれず、最後にはすべて投げ出してしまうかもしれません。行動に基づく権力は奪われる可能性があります。仮に奪われなかったにせよ、世界はリスクで満ち溢れているので、毎日、不確実なことと向きあうことになります。

リーダーBは行動するというより考えるタイプの人物です。影の実力者であったり、プロジェクトの実践的側面は他の人に任せるけれど自分はアイデアの源であったりします。どちらにしても、このリーダーの強みは分析力です。選択肢を比較検討し、他の人々を観察し、理性的に結論を導き出します。このようなリーダーは日々の多大なプレッシャーの荒波にもまれることはありません。しかし距離を十分に置いている分、それだけ孤立してしまっています。このようなリーダーには個人的つながりが弱くなるという危険があります。リーダーのアイデアを称賛していた忠実な信奉者たちは、さらによいアイデアが出てくると、そちらに流れてしまう傾向があります。それでもこのリーダーは自分の思考に支えられているので、行動するタイプのリーダーAよりも精神的に安定しています。個人的忠誠やつながり、日々物事を実現させるための骨の折れる仕事よりも深い階層に根ざしています。

もう一つのリーダーのタイプ

リーダーCは存在（魂）のレベルに基づいています。行動することや考えることにエネルギーを費やしません。毎日、彼／彼女の存在は、どこに導かれようとも、正しい道をたどることに集中しています。行動するタイプのリーダーAにつねに要求されるエネルギーの維持や、自分のアイデアを実現するために行動する人が必要となってしまう考えるタイプのリーダーBにありがちな孤立を免れています。存在のレベルに基づいているリーダーCは、周りの人には謎めいて見えます。危機の中でどのように平静さを維持し、いつ行動し、どのように意思決定するか理解できないでしょう。なぜなら事態を静観することもあれば、急に行動することもあるからです。このようなリーダーは無欲で魂に導かれているため、明確なビジョンをもったリーダー（ビジョナリー）として成功するのです。頂点に立つ願望がないので、落ちる心配もありません。唯一の目的はビジョンが展開していくのを見ることなのです。進む道は発展であり、上昇ではありません。

あなたの魂を促す方法

このようなリーダーになるためには、あなたの行動は拡大した意識の周りに組織化されたものでなくてはなりません。これまでの章で、存在の階層とのつながり方について説明してきました。この時点であなたに必要な唯一のことは、毎日の生活にあなたの魂を浸透させることです。当然この新しいやり方は古いやり方と相容れないでしょう。しかしあなたのやり方に折り合いをつければ、魂はあなたの望む変化を生み出します。過去の条件付けや馴染みのある習慣に抵抗する必要はなく、自然に変化が起こってきます。それでは変化を促すための指針を以下に紹介しましょう。

☆——意思決定の前に、自分の内側に助言を求める。忍耐強く答えを待つ。

☆——落ち着いて、確信していると感じる時だけ行動する。

☆——正しい道があることを信じる。

☆——つねに何をすべきかわかっている、あなた自身の存在につながっていることを信頼する。

☆——自分の内側や外側の世界で抵抗に遭っても戦わない。抵抗を受容に変えるために必要なことをする。抵抗が長引くようであれば、少し距離を置いて時間を取る。

☆——完全に没頭すると同時に手放すということを自分の中で養成する。

☆——よきにつけ悪しきにつけどんな結果よりも自分は偉大だということを忘れない。

☆——こまかい詳細にではなく、もっと大きな全体像と自分を同一化する。

☆——自分の意識は無限に拡大できることを信じる。「私は宇宙だ」ということは、エゴから来ているのではなく私たちの魂の真実なのだ。

光と影を一つにする純粋な権力

怒り、怖れ、強欲、暴力……権力には「影」がある

逆転させる三つ目の原則は「権力は堕落する」です。もしあなたが、人間というものは本来、自分本位で貪欲だと信じていれば、権力の堕落は避けられないでしょう。しかし、その前提はおそらく間違っています。人間の性質が固定的なものでなければ、選択の余地があります。理想を捨てず、私たちのビジョンに同調し続けることを選べるのです。**大切なのは二者択一的考え方を避けることです。**なぜならば自分が権力者か理想主義者のどちらかであると信じてしまうことがよくあるからです。現実主義者とビジョナリーを分ける必要はありません。存在のレベルでは、あなたのビジョンとその理想を達成する方法は統合しているのです。この二つが統合していれば、権力は理想の追及に役立ち、堕落することはないでしょう。

人間性の闇の側面は「影」と呼ばれていて、外に見えていない怒り、怖れ、強欲、暴力といった心の隠れた領域のことです。リーダーが魂から行動しなくなると、この影に支配されることになります。「私は本当は誰なのか？」という最も基本的な自問をやめてしま

ったのです。影は多大な問題を引き起こします。人間の不幸は必ず影に根差しているのです。あなたは自分がまだ向き合っていないことに支配されてしまいます。よいことだけをしようと意図しているかもしれませんが、自分の影に気づいていなければ、その結果は否定的なものとなってしまいます。影を否定している状態でいると、外側の世界からあらゆる否定的影響を受けるでしょう。しかし、準備不足のためそれに打ち勝つことはできません。影を人生全体に統合できた時に初めて、影に打ち勝つことができるのです。善と悪、光と影を分離することに懸命になっていると、あなたは「善」を演じているかもしれませんが、「悪」がいつも突然現れ、あなたに反撃してくるでしょう。**魂から導くということは、相反するものを統合することであり、明るい側面からだけではなく人生を全体として表すことなのです。**

まず初めに、リーダーとしての役割にはそれぞれ特定の影があるということを知っておいてください。

①保護者の影「暴君になりたい誘惑」

保護者の影は暴君になりたいという誘惑です。人の怖れや恐怖を取り除く代わりに増大させます。「弱小者たち」がいかに自分を必要としているのかいってもらいたいのです。

自信過剰な暴君は、人々を虐待することに理由づけをします。権力を保つために実在する何らかの脅威を誇張したり、架空のライバルや敵を作りだします。暴君の最後は見苦しくて暴力的なことが多く、自分の意志に反して引きずり降ろされます。

影に対抗するポイント――次のような傾向が自分の中にないか注意してください。

□権威主義
□自信過剰
□コントロールできない怒り
□称賛されたい欲求
□脅威となる人物やライバルに対する被害妄想

これらは暴君のもとなのです。

②達成者の影「勝つことへの執着」

達成者の影は勝つことへの執着です。これはより多くを求める、限りない欲望に煽られたものです。その奥には負けることに対するさらに強い怖れがあり、その怖れが判断を鈍らせます。勝利することに中毒的になって、次の勝利の高揚感は前回よりさらに大きくなくてはならないので過剰にリスクをとり始めます。すべての調和が人間関係と共に失われます。今や、成功は家族や友人以上のものを意味します。自分自身をまだコントロールできていると主張しても、達成者は病みつきになり、最後には多くのリスクを冒し過ぎてしまいます。そして自滅して人々も道連れにします。

影に対抗するポイント――次のような傾向が自分の中にないか注意してください。

□すべての出会いを勝つか負けるかの状況にしてしまう
□自分のセルフイメージに磨きをかける
□家族や友人を犠牲にするほど野心的
□競争相手に心を悩ませる

③チームビルダーの影「人への過剰な同調」

チームビルダーの影は同調です。それは、所属していないことへの怖れに煽られています。つねに人の反応に合わせ、敵を作ったり批判で傷つけられることに耐えられません。順応主義者は「出る杭は打たれる」症候群の典型となり、グループで目立とうとする人を罰するのです。皆の機嫌を取ろうとする欲求があるために、足を引っ張る人や日和見主義者を見過ごしてしまいます。協力を助長する代わりにひとりよがりになってしまい、最後にはもっと頭の切れるエネルギッシュなチームビルダータイプのリーダーが台頭して丸めこまれてしまいます。
影に対抗するポイント——次のような傾向が自分の中にないか注意してください。
□人と上手くやっていくために相手に賛成する
□決して波風を立てない
□良心に反した行動をとる
これらは同調のもとなのです。

④育成者の影「十分な自信がないこと」

育成者の影は批判・判断です。これは自分が十分ではないという怖れに煽られたものです。この怖れは自分の外側に向かって投影されます。自分が正しいと感じるために、人に間違っていると感じさせようとするのです。判断的になる人は、相手の感情に共感する代わりに、相手がどう感じるべきか伝えます。うまくいっていない育成者は、本当のつながりがなくなるにつれて、温かさや結びつきを演じる偽りの行為に頼るようになります。人にはいえない不公平な判断を隠しています。ひそかに人を判断していることを誰にもいえません。最後には偽善者であることがばれてしまいます。愛情があり、公正で偏った判断をしない育成者にも、実は裏腹な側面があるのです。

影に対抗するポイント――次のような傾向が自分の中にないか注意してください。
□心を開いて話し合おうとせずに、偏見を隠している
□えこひいきをする
□自分の意図を隠している
□自分をよりよく見せようとする
これらは判断的になるもとなのです。

⑤革新者の影「リスクを冒さないという自己保全」

革新者の影は自己中心主義です。これはリスクに対する怖れに煽られています。新しいアイデアに心を開かずに、過去にうまくいったことに固執します。自分の評判が心の中で大きな位置を占めているのです。称賛を強く望み、すべての人に仕事の達人だと褒められるのが理想です。自己本位に見える裏側には大きな損失をもたらすリスクが潜んでいます。うまくいかない革新者は、リスクを冒すことができないことを隠すために、未知なるものを見つめることをやめてしまいます。最後には後れを取り、時代に乗り遅れてしまうのです。

影に対抗するポイント――次のような傾向が自分の中にないか注意してください。

□うぬぼれ
□嫉妬
□注目を浴びたい願望
□自分の評判に対する不安
□根拠のないアイデアに対して気が進まない

これらは自己中心主義のもとなのです。

⑥変革者の影「社会の抵抗への絶望」

変革者の影は絶望です。これは、社会が断固として変化に抵抗していることに煽られています。変革者は希望を示さなくてはならないにも関わらず、絶望で苦しみ始めます。うまくいかない変革者は個人的な挫折で傷ついているのです。人々の道徳的な弱さに失望するようになるのですが、実は自分自身に一番失望しています。大事にしている理想は色褪せてきて、障害に何度も体当たりしますがうまくいきません。最後には、反動主義者の反対に合うというより、改革そのものが失速してしまいます。

影に対抗するポイント——次のような傾向が自分の中にないか注意してください。

□自己批判

□罪悪感
□皮肉
□意気消沈
□何も変わらないというあきらめ
これらは絶望のもとなのです。

⑦賢者と予言者の影「影がないから疑わしく思われてしまう」

賢者と予言者には影がありません。自分の影の側面の覆いを外し、そこから解放されて自由になっています。しかし皮肉なことに、その自由さゆえに人々に疑わしく思われてしまうのです。賢者は弱点を隠していないとか、予言者には盲点がないとは信じがたいのです。しかし、批判やあからさまな攻撃を受けても賢者や予言者は困惑しません。人間の在り様についてすべての側面を受け入れています。賢者の旅には終わりはなく、苦しみを喜びに変えようとしながら前進していきます。賢者にとって世界の苦しみとは、永遠の至福を覆い隠しているものなのです。

「悪い自分」と「いい自分」を統合しよう

一度自分の影に気づいたら、次にやることはその影を取り除くことです。抵抗したり、戦ったり、自分に厳しくしたり、否定したりしてもうまくいきません。影は敵のように感じるかもしれませんが、自然界では破壊が創造を生み出すのです。生命の全体性はこの二つの力の調和にかかっています。あなたの中で怒り、怖れ、恨み、嫉妬、強欲がマイナスの力として現れるのは、それらと統合されていないからです。「よい自分」と「悪い自分」が争っているのです。この争いから解放されるまでは、もがくことしかできません。怒りや怖れの種が芽を出し、目に見えない暗闇で勢いよく育つので、光からさらに分離してしまいます。光からの孤立が深まると、自然に現れるこのような破壊的な力は反逆者となり、やみくもにどこでも害を及ぼすのです。

影による争いをなくすためには、「悪い自分」を「よい自分」に統合するというゴール設定をすることです。自分のすべての側面を統合したいと思うのであれば、それがまさにあなたの魂が望んでいることなのです。

一つひとつ影を統合し、解消する法

☆——自分の中の怒り、心配、嫉妬、深い悲しみ、わがまま等の感情に気づく。

☆――これらの感情は自分の一部だと受け入れる。

☆――影をもっている自分を許す。

☆――自分の感情に責任をもつ。自分の否定的な部分を人に投影したり、人を非難しない。

☆――いかなる形式の暴力も攻撃もしないことを誓う。

☆――否定的な感情が出てきた時は、静かに座って体の感覚に意識を向け、感情に自然に解決するようお願いする（必要な時間をかけて感情を解放するということです）。

☆――怖れ、怒り、悲しみ、嫉妬、不安の残りすべてが解放されることを信頼する（可能であれば、カウンセラー、ボディーワーカー、あるいは古いトラウマや過去の傷を解放する技術をもつ専門家に助けを求めてください）。

☆――自分でよくないと判断する感情を追いやったり、否定したくなる衝動を抑える（見えないところに無理に追いやると、あなたに害を及ぼすだけです）。

☆――秘密をもたないようにする。何でも共有できる人を見つけ、必要に応じて「悪い私」のことを話す。

影に対しては、一度に一つずつ取り組んでください。影響力の強い否定的側面（コントロールできない怖れ、漠然とした不安、すぐカッとなる性格、深く根ざした恨みなど）を少しずつ取り除いていくことは、真っ向から立ち向かうよりもずっと簡単です。これらの抑えられない感情は、次のようなものが合わさっています。それらは、古い信念、子供時代の経験、誰にもいっていない秘密、隠している過ちや恥、自己批判、環境からの影響（ストレス、家庭紛争、継続的な虐待、職場での失敗など）、絶対的な悪や悪魔といった概念に対する迷信的な執着、などです。**一度に一つずつ対処していくと、最も影響力の強い影でさえも弱めることができるのです。**

一人ひとりの〝強み〟を探そう

誰もが無限の可能性をもっている

逆転させる最後の原則は「権力は特別なものである」です。自分が特別だと感じるのはよい気分に違いありません。権力を手に入れるリーダーは、必ず自分は特別だと感じるのです。しかし、それを逆転させるのではなく、「私」だけが特別なのだという、エゴの信念を正さなくてはいけません。権力の源は共通です。誰もが無限の可能性をもっており、それが解き放たれると、宇宙はこの可能性を支援するかしないかのどちらかなのです。リーダーとして人々を宇宙が応援してくれる方向に導き、この世界に違いを示すかどうかはあなた次第です。それを実行するには、自分自身のために使ってきたことと同じ、魂とつながる方法で行えばいいのです。

他の人々が彼らの魂とつながるようにと、おだて上げたり、命令したり、強制することはできません。彼ら自身の動機を見つけられるように啓発するのです。大切な要因をすでにいくつか取り上げました。模範となる人物として行動する、心の絆を作る、信頼・思いやり・安定感・希望を与える、などです。しかしあなたが導く人々が、彼らの内側にある最高のものと一体感をもてるようになるまでは、最初の一歩を踏み出すことはできません。他の人々にあなたの道を真似させることはできないのです。もしあなたが、第一章で紹介した〝魂のプロフィール〟と〝個人のビジョン〟に基づいたミッションをグループ全員に書いてもらうことができる立場であれば理想的です。この方法で私たちは、自分たちの道を切り開いてきたのです。ギャラップ社が行っている、個人の強みを詳細に特定する調査方法を利用することもできます。ギャラップのモデルでは、三四の特定された強みが紹介されています。チームメンバーのもつ強みが、多種多様にわたっていれば、チームとして成功する可能性が高くなります。

このアドバイスを心に留め、**何が自分の強みなのか探すことを学べば、パワーを共有し始めることができます**。皆が自分自身の強みをわかっていると思ってはいけません。誰もが自分の強みがわかって初めて、パワーを築く基礎ができるということを理解しておいてください。あなたが強みを特定したいと思う人を一人ずつ見て、次のカテゴリーの中から三つを選んでください。もしその人のことをよく知らなければカテゴリーは二つでも構いません。しかしできれば、三つ目はとりあえず推測し、その人のことがもっとわかってから評価を変更するといいでしょう。

もっと高めていきたい一二の〝強み〟

1. よく働く。体力がある。忙しくして生産的でいることに満足を得る。
2. 非常に活動的。アイデアを行動に早く移したがる。違いを作ることで満足を得る。
3. 人々を流れに乗せるのが得意。現在志向で適応能力が高い。自分を信頼して参加する方法を他の人々に示すことで満足を得る。
4. 分析タイプ。問題のすべての側面を調査する。結論は注意深くて信頼できる。研究することで満足を得る。
5. 柔軟な計画者。手配や組織化することが得意だが、全員の要求に心を開く。正直で、人にも正直さを求める。多くの要素を一つにまとめることで満足を得る。

6．自然なコミュニケーター。発表の際には考えをたやすく言葉にして、異彩を放つ。状況や自分自身のポジティブな面を人に見せることで満足を得る。

7．生まれつきの競争者。人と比べて自分を評価する。一番だと評価されたい。もちろん勝つことで満足を得るが、最も尊敬する人の期待に応えることでも満足を得る。

8．謙虚で信頼できる。ルールを取り入れることに一貫性があり、自分自身もルールを守る。人を対等に扱うことが得意。誰もが同じように尊重されていると満足する。

9．決断は慎重。すべての要因に配慮するので、デリケートな問題を扱うのが得意。待ち受けている障害を予測する。リスクを減らし、正しい判断をすることで満足し、出発点から目的地まで安全にたどり着けるよう時間をかける。

10．人的資源を育成する才能。人の可能性を見出し、根気よく着実に才能を引き出す。他の人たちが各自の仕事ができることを誰よりも強く信じている。初心者の成長を見ていることに満足を覚える。

11．自己鍛錬に強い。決まった仕事や仕組みがあるとうまくいく。責任逃れをすることはなく、責任を感じることで満足する。

12．共感するのが得意。相反する感情に対処しなくてはならないような困難な状況でもうまくやれる。誰かが何かを共有したい時に必要とされる。理解してもらえたと人に思ってもらうことで満足を得る。

13. 優先順位のつけ方を知っている。抜群の集中力でプロジェクトを計画通り遂行する。何が重要かをきちんと知っている。付随して起こる細かいことを削減し、遠回りするのを避ける。究極の目標に向かって効率的に進むことで満足感を得る。

14. 意見を一致させるのが得意。対立を嫌い、違いを調整する。人の話に耳を傾け、聴くことの価値を人にも示す。交渉の場では、なくてはならない存在となる。すべての当事者が合意に達して相互利益をもたらす時、満足感を得る。

15. アイデアの泉。異なるものをたやすく結びつける。できるだけ多くの視点を吸収することによってうまくやる。新しい概念に戸惑うことが全くない。数々のアイデアに魅了されることで満足感を得る。

16. エキスパート。狭い分野での専門家で、その分野についてはすべてを知っている。権威となって同僚から尊敬される。その分野の知識と専門性をマスターすることで満足感を得る。

17. 究極の推進者。つねに卓越さを追い求め、人にも能力以上の働きをさせる。最高点に達するまで満足しない。プロジェクトの質を最高レベルまで引き上げることで満足感を得る。

18. 果てしない情熱をもっている。生来、明るくポジティブで、反感をかったり強要することなく、自分の情熱を他の人たちと共有することができる。士気を保つのが得意。他の人に物事の明るい側面を見せそれを信じさせることで満足感を得る。

19. 誠実な友人であり仲間。親しみを感じやすく、一緒に働きやすい。忠実であることに信頼をおかれていて、つねに人々のことを気にかけている。人間関係に時間とエネルギーを喜んで使い、心からの友情で結びつくことで満足感を得る。

20. 問題解決をする火消役。希望を取り戻し、崩れかけた状態を安定させる。どんな問題にも動じず、どんなニーズにも応えることができる。不可能なことを成し遂げることで満足感を得る。

21. 魅力的で説得が上手。自分の考え方に同意してもらうことができ、新しい出会いを歓迎する。扱いが難しい人にも臆しない。初対面の人たちも自然に心を開き、情報を共有してくれる。緊張をほぐし、個人的につながりをもつことで満足感を得る。

権限を与えられることの意味

人の強みを見抜けるようになると、その人が活躍できる道を探してあげることができます。まず初めにあなたに見えているものを伝えます。そして、その人自身が自分の強みは何だと思っているかを話し合います。あなたが仕事を割り当てる立場なら、その人の強みを参考にしてください。仕事を割り当てる立場になくても、一人ひとりの強みは何であるかを覚えておいてください。そうすると、彼らのうち誰からどんな情報や意見を得るべきかわかるようになります。

権限委譲に伴う一つのテーマがあるとすれば、それは誰もが権力に対して平等な権利があるという信念をもつことです。一人ひとりが、私たちの魂全体を映し出している完璧な姿なのです。完璧であることから意図的に、あるいは無意識に目をそらしているかもしれません。自分にどれだけ多様な力があるかを楽しむかわりに、ほとんどの人はあきらめてしまい、人生の狭い側面だけに留まっています。権限を与えるということは、権力に関する否定的な仮説が真実である必要はないことを明らかにして、人々の期待を広げることなのです。権力はつかみ取るものではありません。権力は無限のエネルギーであり、知性であり、あなたを通じて表現したいと望んでいる、魂のもつ創造力なのです。人は皆、魂の表現であることがわかると、あなたはリーダーとして、人々が真実を知る応援をすることに喜びを見出します。私が今までに読んだ書物の中で、権力に関する最高の精神的な学びは、タゴールの「権力は世界に『お前は私のものだ』といった。愛は世界に『私はあなたのものだ』といった。そして愛が勝利した」という言葉です。

権限委譲のレッスン

★――魂から導くということは権力の間違った使い方を逆転することです。指針は自分自身に権限を与えるように、道のりの各段階で人に権限を与えることです。

★――個人的な権力と超個人的な権力を隔てる境界を越えることです。「超個人」とは個人を超越することで、超個人的な権力は、魂の階層では誰にでも存在するものです。

★――権力への道は、自分の個人的な強みを知り、生かしていくことです。人に権限を与える時も同様です。あなたの意識が拡大するにつれ、あなたは魂の全体性を表すようになります。そうすると、あなたの強みは存在としての階層から生まれるようになります。

今日やるべきこと

手放す練習を始めよう

権力は、エゴと結びつくと問題を起こします。権力とは「私が、私を、私の……」というものではないことを最初から認識しておくといいでしょう。そのためには、リーダーとして手放す技術を学んでください。人々は気分が高揚することと、パワフルであることを混同していますが、魂から生まれたパワーは静けさと活力が合わさったものなのです。高揚感が終わった後でも決してなくなりません。手放している状態では、権力の中で自分を見失うことなく、パワーがみなぎる経験をすることができます。望むものはすべて自分の内側にあるという感覚で、どんな状況にも入っていけるでしょう。内側はリラックスして確信をもった状態であり、権力が存在している場所なのです。

朝、その日一日を遊び感覚でイメージする練習

今日、何かに完全に打ち込んだ状態のまま、手放すことを練習し始めてください。これ

は本当に難しいことです。手放す時に、冷めた感じで距離を置いてしまうと、無関心と同じになってしまうからです。しかし、自然にできて、かつ無関心とは反対の手放し方があります。それは「遊ぶ」ことです。子供が遊ぶのを見ていると、完全に集中し熱中していきます。夢中で気が散るようなことはありません。子供はゲームに勝つか負けるかという真剣なものにならない限りは、気楽で元気いっぱいです。次の演習をすると、大人でもこのような「遊んでいる状態」になることができます。

朝、目が覚めたら一〇分間、目を閉じていてください。これから始まる一日をイメージします。重要な決断や選択をする大切な瞬間を思い浮かべ、その状況が最高の結果になるようイメージします。筋書きを決めてしまわずに、色々な可能性を遊び感覚で思いめぐらしてください。あるシーンに満足したら、またそのシーンに戻って別の視点から眺めてみてください。今度は全く違う筋書きで、うまくいくところをイメージします。二〜三回そのシーンに戻って、一つの筋書きにとらわれず「遊び心」で色々な可能性を思い浮かべてください。あなたの魂がもたらしてくれるどんなものに対しても、できるだけ心地よく感じていてください。

終わったらイメージしたことは脇に置いて、オープンな気持ちで一日を始めます。

この演習はサンスクリット語で創造の遊び心という意味の「リーラ」として知られてい

ます。リーラはまさに魂がどのように作用するかを表していて、一瞬一瞬の展開を楽しみながら、直線的あるいは予測された道筋を辿るのではなく、すべての要因が新しい何かをもたらすように任せて「在るもの」を「成るもの」に変えるのです。リーラはあなたの自然な状態です。以下のことが起こっている時、あなたはリーラから外れています。

□自分が勝つためにエゴを使っている
□自分が負けることが嫌
□自分がコントロールしなければならない
□自分が正しくないといけない
□緊張して不快に感じている
□ストレスに悩まされている
□物事が深刻になりすぎている
□楽しいことが何ひとつない

無邪気で楽しい魂とつながる瞬間

本当に遊ぶためにはこれらの警告的な兆候に気づき、対処しなければなりません。状況はいつも違いますが、**内側に耳を傾け、創造は気楽なものであるという真実を大切にすれば、遊び感覚をいつでも思い出すことができます。**無理に陽気に振る舞ったり、悪ふざけしたり、すべてをゲームに変えてしまうことでもありません。私たちは皆、魂の状態である、無邪気で気楽な感覚を知っているのです。これがスピリットの遊び心です。

前述の演習を続ければ、コントロールしたい欲求や、どういう結果がベストかについての狭い固定概念に陥ることも減っていきます。毎日が新しい世界なのですが、どうすれば新しい自分になれるかを知らずに私たちは生きているのです。「手放す」ことの最も純粋な形は、古い条件付けを手放し、新しい自分になろうとすることなのです。完全に心を開いて新しいものをあなたの中に満たしてください。そうすれば、あなたは創造そのものと同じくらい遊び心であふれることでしょう。

第 六 章

RESPONSIBILITY

責任の法則

あなたの進化が周りの進化を引き起こす

魂から導くということは、グループの欲求以上のものに対して責任を取るということです。あなたは一人ひとりの個人的成長に関心があります。この責任はあなた自身の進化とともに始まります。あなたの人生の八つの領域が、自分の魂から導かれる力をもちます。それは思考、感情、認識、人間関係、社会的役割、環境、言葉、身体です。これらすべての領域であなたがどう対応するかが、あなたが導く人たちに影響を及ぼします。あなたが進化すれば、その人たちも進化していきます。

魂から導くということは、進化を最優先させるということです。人々の自尊心をくじくような行動は絶対にしてはいけません。自分の成長のための新しい機会が訪れたら、自分の中にある根本的な信念を見直し修正してください。宇宙の中で進化とは止めようのない勢いなので、その目に見えないパワーを利用してください。そうすると責任とは、もはや重荷ではありません。あなたが成長を続ける限り、責任はあなたが軽く羽織っているようなものとなります。

何があなたの責任なのか？

成長と発展を促すために

リーダーなら誰でも責任がありますが、魂から導くと違う視点をもつことができます。あなた自身の進化と、あなたの周囲の人々の進化にも責任をもつようになります。あなたはビジョンと共に進み始めることを選びました。そしてあなたがビジョンを達成するために進む道は、目に見える成功以上のものとなるのです。その道を一歩進むごとに、内なる自分が成長していきます。グループはより高次の欲求が満たされていきます。ではあなた自身が進化し続けるためにはどんな準備が必要でしょうか？ 個人的なコミットメントもその一部ですが、では何をコミットするのでしょう？ この問いの答えが見つかれば、日々の責任とは実際にはどんなものかがわかります。

あなたの魂は行動に関わっていないので、何かを欲求することはありません。魂はあなたという存在の静かな源として働いています。したがって、**行動したり、考えたり、感じなければいけない時だけ、あなたに責任が生じるのです**。静寂の中で絶えずたくさんの種から芽が出ています。それぞれの種が可能性の種であり、無限の可能性の領域から生まれます。その種は、新しい思考として芽を出すかもしれません。そして、あなたの責任はその次の思考が成長と発展を促すものとなるよう進化させることなのです。また可能性はつねに思考として現れるわけではなく、感覚や行動、言葉として現れてくるかもしれません。人生のあらゆる領域に様々な可能性が存在しています。**魂はあなたが求めるすべてのことを与えてくれますが、その一方で何を求めるかに関してはあなたに責任があるのです。**

リーダーの八つの責任

何を求めるべきかは、非常に微妙でわかりにくいかもしれません。あなたの全体のビジョンがどんなに素晴らしく啓発的なものであったとしても、日々取り組まなければならない細かいことがたくさんあります。リーダーは世界平和や持続可能な経済、化石燃料に代わる代替エネルギーを探すことなどに尽力しなければならないこともあります。そのような崇高なゴールと比べると、次に何を言おうかと考えたり、次にどんな感覚を体で感じるだろうと考えるのは、些細なことのように思えるでしょう。しかし、これらの些細なことも人生の一部であり、それが進化しないとあなたのビジョンも進化しないのです。人生という織物は極めて複雑な構造で織り交じっていますが、八つの主な織糸の束と、それぞれに呼応する責任に分けることができます。この視点から本章の主題を見てみると嬉しいことに、**責任を取ることは重荷ではなく、自らを育む方法なのです**。次の言葉を自問してみましょう。「これをやることで私は進化するだろうか?」もし答えが「はい」なら、自分の選択に責任をもつことを受け入れてください。

リーダーの責任は次の八つの領域に分けることができます。「自分の思考に責任をもつ」「自分の感情に責任をもつ」「自分の世界観に責任をもつ」「自分の人間関係に責任をもつ」「自分の社会的役割に責任をもつ」「自分の現状に責任をもつ」「自分の発言に責任をもつ」「自分の身体に責任をもつ」の八つです。それでは一つずつさらに詳しく見ていきましょう。

自分の「思考」に責任をもつ

無自覚な「思考パターン」に気づこう

ここで扱う思考とは認識の領域で、理性的思考よりもさらに広く「洞察」「直観」「第六感」「創造的衝動」も含みます。思考は自然に浮かんでくるので、頭の中を自由に漂っていると思いがちです。もしこれが本当なら、頭の中で行き交う衝動にどうしたら責任をもてるのでしょうか？　次にどんなアイデアが出るか勘が働くかは、結局わからないのです。しかし、これは完全に正しいわけではありません。なぜなら**思考にはパターンがあり、あなたには「思考の癖」があるからです**。この思考の癖に対してあなたは責任を取ることができます。**よい思考習慣を身につけ、悪い習慣を避けてください**。リーダーとして成功している人たちは、ほとんど自分で気づかずにこの両方を身につけています（しかし実際は多くの人たちが、リーダーに求められる要求に応えるために思考を訓練する必要があったことを認めています）。

よい思考習慣のポイント

☆――明瞭に、簡潔に考える。
☆――先入観や偏見を取り除く。
☆――自分の仮説が、また聞きの話や未確認事項でないか検証する。
☆――一つひとつの考えを深く検討する。
☆――微かな閃きに注意を向け、閃きが広がって展開するまで注意をそらさない。
☆――それぞれの考えを判断せずに見る。または早まって考えを捨てないようにする。

☆――立ち位置を変えて様々な角度から自分の考えを見る。
☆――ストレスや感情、かっとしたはずみ等に影響を受け過ぎていないか確認する。
☆――劇的な状況に呑み込まれずに達観した状態でいる。

これら一つひとつは、あなたが責任をもてるポイントです。一番最初のポイントを例に取ってみましょう。思考は、注意と関心を向けずにほったらかしにしていると簡潔明瞭にはなりません。**思考は、反復を避けるよう訓練しなくてはなりません。**ぼんやりした曖昧な考えではなく、思考を明確にして、簡潔な言葉で表すのです。他のすべてのポイントについても同様の注意が必要です。注意を払わないと自分の偏見が自動的に思考の中に入り込んでくるでしょう。このように自然に繰り返し現れてくるというのが習慣の特性なのです。それに気がついたら考えを止めて時間をとり、「**これは私が考えたいことではない。過去の古い条件付けであって、私が昔よく考えていた古い思考の繰り返しなのだ**」と、そのつど自分にいい聞かせなければなりません。

認識全般に関してあなたが責任をもつべきことは、自己認識していることです。感情とストレスが及ぼす影響に気づけるのは自分だけです。信頼できるアドバイザーに、あなたの五感のうちどこが明晰さを失ったか指摘してもらったとしても、人の視点はあなたの視点の代わりにはなりません。先ほどの「よい思考習慣のポイント」に含まれていなかったものが二つあります。それは組織化することと自制です。高度に組織化され秩序立った思考のお蔭で成功するリーダーもいます。よく考えてみると、自分の思考を自制するということは、まるで行動が信頼できず、害を及ぼす習性をもつ野生動物を訓練するようなものです。しかし絶えず浮かんでくる思考は、同時に自然に湧き出てくる答えや解決法の源でもあるのです。自発性には自由が必要で、自由と自制を両立させるのは難しいことです。

もちろんあなたの思考は、自制なくほったらかしのままではいけません。規則や制約に耐えられない純粋な芸術家でさえも、技術を学ぶための訓練を受け入れるでしょう。このことをヒントにして、**あなたに必要な技術を習得する手段として思考を訓練し、その後、自由にするのです**。思考を自由にしておかないと、実際あなたに何かを伝えてくれようとしている、あまりにも多くの〝さまよう〟考えを見逃してしまいます。同様に、思考の中に現れる非常に漠然とした勘や直観などの微かな衝動も見逃すべきではありません。これは特に「あれ？　何かが違う」と感じる時に当てはまります。人々に賛同したり、私たちは皆、解決法を見つけたり、問題を処理しなければならないプレッシャーがあると、早急な間違った結論に飛びついてしまいます。しかし魂は外的要因に惑わされることはありません。**わずかでも何かが違うと感じたら、自分自身を信じてください。実際、「あれっ？」**

という感覚が微かであればあるほど、信頼できるのです。

自分の「感情」に責任をもつ

反射的にしている〝いつも決まった感じ方〟

感情は、思考以上に自由に行き交うもののように思えます。感情は勝手に出てくるものなので、怖がられたり、不信感をもたれがちです。不安ほど、思考の邪魔になるものはありません。また、前途有望な役職についた多くの人たちが短気のせいで役職から外されました。しかし怖れや怒り、その他の感情をコントロールしなくてはいけないといっているのではありません(一つには、怒りを管理するプログラムと恐怖症の治療がやっと融合されてきたということがありますが、否定的なことを肯定的に捉え直すポジティブ心理学という将来有望な新しい分野でさえ、研究での裏付けがほとんどないままです)。しかし、**思考と同じように感情にもパターンがあります。**それに気づくと、自分の感情のパターンを変えることに責任をもつことができます。

感情は突然、反射的に起こると思われている反応です。蜘蛛が恐い人であれば、蜘蛛を見ると恐怖でひるんでしまいます。台所の流しに汚れた皿が積み重なっているのを見て怒りが出てくる人であれば、台所に入った時に誰かが食後に食器を洗っていないのを見つけたらイライラしてしまうでしょう。そこに選択の自由はないように思われるかもしれませんが、実はそうではありません。例えば、誰かがあなたにボールか車の鍵を投げるとどうなるか考えてみてください。不意を突かれたとしても、反射的にそれをキャッチするか、「そんなの取れないよ……」とつぶやきながらよけるでしょう。これらの反応は正反対のものであり、あなたは人生のどこかで、投げられたものをキャッチするか、しないかを身につけたのです。**一度身についた反応は癖になっているのですが、いつでも身につけ直すことができます**。選択の自由を失うことは決してありません。幸いにも最先端の脳研究によると、脳が新しいスキルを身につけることは生涯にわたって可能なのです。

身についてしまった感じ方を捨てる方法

あなたは、ある決まった感じ方をしたり、逆にある感情を避けることを身につけています。**しかし本当に責任を取るつもりであれば、身についた感情を空白に置き換えるというやり方があるのです**。私たちは皆、ネガティブな感情よりもポジティブな感情を高く評価しています。しかし**決して否定的にならないよう訓練してしまうと、実際に「否定性」とは自己批判であるという事実を見逃してしまいます**。それは「こんなふうに感じたら私はダメだ」というレッテルです。つねに作り笑いを浮かべ、いつでも太陽のように明るく見せかけている人の近くにいるとストレスを感じることが誰にでもあるでしょう。**身についてしまった感情を捨てるために最初にすべきことは、自分のパターンに気づくことです**。例えば、無意識に疑ったり、新しいことを避けるという反応をしているとしたら、あるいは人生に突然現れる変化や新しい出会いにしり込みしてしまうなら、一歩離れて自分の感情に気づいてください。

一歩離れて様子を見るのです。大抵は最初の感情が自然に消えていきます。するとそこに空白ができて、感じたい感情に自分を導くことができます。自分を批判しないでくださ い。**どんな感情でもそのままにしておきつつ、同時に、怖れ、怒り、恨み、嫉妬、疑いなど周りの人たちのストレスを増加させる感情に任せて行動してはいけません**。感情は、あなたが外側の世界に表現するまでは、あなただけのものなのです。害を及ぼす感情を表に出さないことがあなたの責任です。

そこに新しい〝魂の感情〟が芽生える

反射的な反応でいっぱいだったところに空白を作る体験をすると、新しい何かが現れてきます。魂がそれ自身の感情を表し始め、その感情はつねに進化的なものです。**魂の感情は、一時的な感情の流れではなく、安定した状態の感情です**。静寂、平和、心の平静は一時的なものではありません。あなたがいったんこれらの感情にふれると、仏教でいう四つの神聖な感情とよばれているものにつながっていきます。それは愛情のこもった親切心、思いやり、平静さ、他人の成功を喜ぶ心です。しかし、これらの高次の感情に名前をつける必要はありません（名前をつけレッテルを貼ることによって、「よい」自分になろうと思考を訓練してしまうかもしれないからです）。

高次の感情への鍵は、それらの感情が分離した自己から脱却させてくれることです。「BよりもA」というように、どちらかを選ぶ癖が身についているのが分離した自己であり、それは大抵の場合「Aには自分にとって得なことがある」と自分のエゴが決めたからです。**分離した自己を超えたところには感情の自然な流れがあり、適切な反応が自然に起こってきます**。魂はつねに、できるだけ最も進化させるような反応をあなたに与えようとしていて、それは感情にも当てはまるのです。

自分の「世界観」に責任をもつ

無限の可能性を拓くヒント

思考や感情と同様、自動的に起こるように思える三番目のものは認識です。例えば、空が青いと認識した時、その認識を自分で選択したとは思えないものです。そして私たちは自分が選択するものにしか責任が取れません。選択の余地はないように見えますが、実はここでもまた、そうではないのです。可能性は無限だということは紛れもない事実であり、いつでも選択することができます。当然のことですが、リーダーは他の人たちよりも多くの可能性が見えています。**どんな困難や失敗の中でも、進化は起こり得るのです。**あなたは「さらに高い次元へと向かう進化は止められない」という原則に基づいた世界観を取り入れることが可能です。

先駆的な物理学者、マックス・プランクは「物の見方を変えると、あなたが見ているものが変化する」といいました。ある意味、これは相対性理論が魂レベルでどう作用するかということを示しています。認識を変化させると、現実もそれに合わせて変化します。従って内面の認識、すなわちあなたの自意識の中で、現実が始まるのです。自意識が広がれば広がるほど、より多くの可能性が魂レベルから解き放たれます。**自分自身で制限をかけない限り、可能性が尽きることは一切ありません**。制限をかけているのはあなたの信念です。否定的な信念は検閲官のようなものです。新しい可能性が出てくると、一見しただけで否定し、危険すぎる、間違っている、よくない、不可能だ、価値がない、すなわち「自分に合わない」と評価するのです。一方、魂は何も否定しません。しかし、自分の信念がほとんどの可能性を遮っていることに、あなたは決して気づかないでしょう。そして日の目を見ることがない可能性一つ一つがあなたの意識の外で目に見えない形で作用し、あなたの未来の可能性を先細りさせているのです。**このような否定的な信念の存在に気づき、その代わりに進化を促すような信念をもつ必要があります**。次に否定的な信念と、それを反転させた信念を示します。

可能性を広げる信念・閉ざす信念

× 私は十分ではない。私は他の人より価値が低い。

○ 私は進化すればするほど価値が上がる。なぜなら進化も私の価値も無限だから。

× 難しい決断を迫られたら、先送りすればよい。
○ 先送りは決して解決にならない。先送りは問題を凍結するだけ。今、問題を解決すれば、よりよい未来が今ここから始まる。
× 自分の悪いところに焦点を当てても何にもならない。
○ 問題があるのは悪いことではない。それは自分が成長するべき点を示してくれている。困難な時には隠れた協力者がいるものだ。自分の問題に焦点を当てなければ、自分自身の進化の道を逃すことになるだろう。
× 世界は問題であふれている。たった一人で何ができるというのだろう?
○ 人類の進化は一度に一人ずつ起こる。私は自分が望む変化そのものに成ることができる。その時、私は集団意識に貢献し、誰もが世界レベルの変化に必要なクリティカルマス(物事が普及・定着するために必要な最低人数)に向かって一歩前進する。
× 変化することは難しすぎる。
○ 人生とは変化そのもの。体の各細胞がつねに変化するように、思考、感情、そして自分の周りで起こる出来事も変化している。本当に大事なことは、変化は意識的にも無意識的にもなるということ。さらに意識的になるだけで、私は変化を起こす力強い一員となった。何も強制する必要はなく、ただ自分の意識を拡大するだけだ。

× 私たちはコントロール不可能な無作為の出来事や災難に支配されている。

○ 無作為に起こることも含めて、何かにコントロールされているということは、被害者であるということ。災難を前もって知ることはできない。未知なるものを味方にするか敵にするかを、私は選ぶことができる。未知なるものは私の友人として、新しい生活や新しい考え、新しい可能性をもたらしてくれる。私はそこに意識を向け、その他のことを手放す。

× 誰にも敵がいる。私は争いに関わらず、できるだけ敵をもたない。

○ 敵とは単なる障害のことだ。障害に直面する時はいつでも、魂は何か目的があってそうしていて、同時に解決法も提供している。私の目的は万人と仲よくなることではないので、人が自分のことをどう感じるかに焦点を合わせる必要はない。私は進化するためにここにいるのであり、日々自分の魂が展開する道のりを進んで行く。

自分の「人間関係」に責任をもつ

それは相手の責任ではない

人間関係とは両者間のことなので、あなたは自分側にしか責任をもてません。しかし誰かと関わると融合が起こるので、自分と相手を完全に切り離すのはたやすくありません。**人間関係においてリーダーが従うべき一般的なルールがあります。それは、「物事がうまくいっている時は相手をほめる。うまくいかない時は自分が責任をもって変化を起こす」というものです。**もし人が何かを変えてくれる、あるいはその人自身が変わるのを待っていたら、あなたは永遠に待たなければならないかもしれません。自立の精神を養い、自分はすでに十分であるということに気づいてください。自分を完全にするために他の人は必要ありません。このことを本当に理解できれば、自分の気分をよくするために、相手に変わるよう要求することはなくなるでしょう。あなたの気分は相手の責任ではありませんし、相手が変化するのはいかにあなたのことを気にかけているか示しているわけでもありません。また、相手が一生懸命努力して変わったとしても、結局あなたは気分が悪いままかもしれないのです。

本書はここまでにもっと基本的なことを話してきました。リーダーとして、あなたは人間関係を築くことに全力を尽くさなければなりません。これが始めに必要なことなのですが、多くの人が達成しない点でもあります。その根底にある信念は、人間関係はあまりにも難しすぎるということです。しかし**人間関係は難しいものも簡単なものも含めて、結局は人生すべてなのだ**ということに気づけば、この信念を覆すことができます。もしあなたが、完全に一人になれると信じていたら、それは勘違いです。たとえ広大な虚空に囲まれた北極の山小屋に逃れたとしても、記憶、習慣、性格、そして予測の中に、あなたの過去におけるすべての人間関係が引き継がれているのです。

よい関係を築きあげるための指針

誰もが過去と現在における人間関係をすべて合わせた存在です。自分の人間関係に責任をもつための、いくつかの指針があります。

☆――過去と現在の違いを明確にする。過去の人間関係を現在にもち込まない。
☆――人との関係は共有された前向きな価値観に基づき、先入観や偏見に基づかない。
☆――リーダーとして、平等で公平な関係を築く。

☆――相手が間違っていると思わせないようにする。
☆――自分が扱ってほしいように人を扱うと、相手もそれを感じるという黄金律に従う。
☆――相手の自尊心を高める。

ある意味、最後の指針は心理学的な黄金律になっています。これまで、リーダーが各欲求段階で具体的な欲求をどのように満たすかを取り上げてきました。しかし、あなたはこれから何度も人々と関わりますが、すべての出会いが欲求に関係しているというわけではありません。すべての出会いに共通しているのは、一人の自己が別の自己と関係を築くという点です。**相手と別れる時には必ず、相手が育まれ、高められ、認められ、励まされ、感謝されたと感じるようにしてください**。これが毎日の生活の中で実践できる、魂と魂が最も近づいた状態です。人間関係は大きなテーマですが、これが精神的な本質なのです。

自分の「社会的役割」に責任をもつ

「社会的感染」の隠されたパワー

ここまでは個人的責任を取り上げてきました。しかし社会には大勢の人々が関わっているので、私たちのつながりも、さらに目に見えないものになります。投票したり、住む場所を選んだり、何かのためにボランティアをしたり、慈善事業に寄付したりすることで、あなたは社会に影響を与えています。しかし、社会学者が予想しなかったような、つながりに関する研究が最近多く出てきました。**あなたはリーダーとして、「社会的感染」のパワーを自覚している必要があります**。「社会的感染」とは、人から人へどのように影響が広がるかを説明するために、研究者が作った用語です。

常識のレベルでは、ゴシップや噂には都市伝説と同じように寿命があることを私たちは皆知っています。昨日の陰謀説も、一夜明ければ妄想者たちの新しい関心の的に取って代わられます。しかし社会的感染は、常識がこれまでに示した以上に深く届くのです。この社会的感染には気分や態度、習慣が関係しています。例えば、家族の誰かが落ち込んでいたら、あなたは普通より落ち込みやすくなります。しかし、あなたの知り合いの友だちが落ち込んでいる場合にも同じことが起こります。たとえ、あなたの直接の知人が落ち込んでいないとしてもです。

これはとても不思議な発見ですが、データに裏付けられています。もし友だちの友だちが肥満であったり喫煙者である場合、あなたも肥満になったり喫煙する危険が高くなります。例えばそのまた友だちの、その先の友だちからの影響について、誰も説明することはできません。しかしこのようにどれぐらい人間関係が離れているかを表す「隔たりの度合」は、実は「つながりの度合」なのです。

社会的感染は現実に存在しますが目には見えません。それはもろ刃の剣でもあります。ポジティブな影響はそれ自体の感染力があるので、友だちの友だちがよいライフスタイルの習慣や楽観的な見方をしていれば、あなたもそのようになりやすいのです。つまり、インターネットなどの目に見えないソーシャルネットワークに参加したければ、最もポジティブで広範囲に影響を及ぼすものを選ぶことです。正式な参加者として登録していなくてもあなたは影響を及ぼしているのです。

影響力を表現する多くのキャッチフレーズが出てきました。中でも「臨界点」や「クリティカルマス」がよく知られているものです。両方とも一種の連鎖反応を指しています。何かを信じる人の数がある瞬間に十分な数に達すると、その広がりを食い止めることができなくなるというものです。革新者、政治家、広告製作者、映画製作会社などは臨界点を創りだす業界にいますが、クリティカルマスの効果はどんな分野でも大事なのです。何をするにせよ、ある考えが急激に広がっていくには、一つの村というレベルではなく、細胞分裂に相当する社会的ネットワークが必要です（ウェブでの人気ビデオが、伝染病が広がるように急速に広まるのは偶然ではありません）。

ソーシャルネットワーキングの使い方

ソーシャルネットワーキングは現代社会で必要不可欠なものになりました。あなたが創造したり、参加しているネットワークはあなたの意識レベルを反映しています。

☆——自分の主な目的に具体的に取り組んでいるネットワークに参加する。
☆——前向きで、細やかな貢献をする。
☆——各メッセージを扱う際には、人と出会う時と同様に心を開き、敬意を払う。
☆——メッセージを送る時はつねに最高の理想を共有し、その理想を心に留めておく。各発信は毎回自分の核となる価値観を反映するか、少なくともその価値観に反さない。
☆——破滅的なゴシップ、噂、誇大妄想的な理論を増幅したくなる気持ちを抑える。

☆――自分にとって一番大切なネットワークのメンバーと定期的かつ緊密な連絡を取り続ける。自分が扱える限度を超えてネットワークを作ったり参加したりしない。

☆――ほとんどのメッセージは簡潔で束の間のものだが、さらに連絡を取る場合は、前項の人間関係の黄金律に従って相手の自尊心を高める。

自分の「現状」に責任をもつ

あなたはどんな影響を及ぼしているのか？

私たちは自分を取り巻いているものに自分自身を投影しているので、それぞれの状況に独自の雰囲気が生まれます。誰かが部屋に入ってくるとすぐに、多少なり雰囲気が変わります。それがリーダーならば大きく変化します。リーダーのもつ風格で、その場の雰囲気、人々が経験する環境が決まるのです。あなたが静かに座って何もいわなかったとしても、あなたの影響力は強いでしょう。しかし自分がどんな影響を及ぼしているか読みとるのは難しいかもしれません。ちなみに自分の人生において交流する人々を見るのは、自分がその場にいる時だけです。あなたがいない時に人がどう振る舞うかはわからないのです。

精神世界の観点からいえば、人が創りだす投影は全体的なものです。つまり、あなたは自分を含めた状況全体であり、あなたは創造主として自分の置かれている状況を作り出していて、状況とは絶え間なく自分を映し出している鏡なのです。この原理を受け入れるかどうかはあなた次第ですが、自分自身に証明するのはそう難しくはありません。そのためには「内側」と「外側」を比べる習慣を身につけることです。自己認識するために内側と外側をつなぎ直す質問をしなくてはなりません。二つの領域は分かれていないのですが、意識の欠如により私たちはそれを分けてしまっています。どのように私たちが自分の経験を形作っているか、気分、記憶、予想、認識という四つの例を見てみましょう。

「気分」があなたの見ているものを変える――四つの法則①

状況は自分の気分と結びついているのだろうか？

あるレベルにおいては、私たちは皆、違う色のメガネをかけて世界を見ています。落ち込んでいる人と、恋をしている人では、夕日は同じようには見えません。さらに深いレベルでは、あなたが外で夕日を見ているということは、実はそのこと自体があなたの一部なのです。したがって、あなたは自分の気分で夕日に色をつけているだけでなく、あなたは夕日そのものを創造しています。つまり、例えばあなたが落ち込んでいる時は、鑑賞する能力もないので美しく壮大な夕日そのものを見ていません。夕日はこの瞬間、あなたにとって気分を落ち込ませるもの以外の何物でもないのです。あるいはあなたが大好きな人や大嫌いな人を思い浮かべてください。その人が部屋に入ってきたら、あなたの感情はその人の一部となります。あなたが客観的に観察できれば、あなたの気分がその人に投影されるのがわかるでしょう。

過去の「記憶」が現在をつくる――四つの法則②

状況は過去の何かと結びついているのだろうか?

過去のあなたの経験が現在を創っていて、これもいくつかのレベルで作用しています。顔見知りの人に会ったら、当然あなたは自分の記憶に頼ります。そうでなければ世界は見知らぬ人であふれてしまうでしょう。物についても同じで、記憶がなければ変わった物ばかりの世界になってしまうでしょう。車は塗装された金属のかたまりではなく、運転することができる機械だとわかるためには記憶は必要です。すべての認識は記憶です。より深いレベルでは、記憶を消すことはできません。あなたは物事を今現在の状態でしか見ることができないのです。例えばあなたは本の読み方をすでに知っていますので、生後二カ月の時のように、本を意味のない記号の集まりとして見ることはできません。

現実は「予想」から導かれる――四つの法則③

状況は自分が予想したものだろうか？

稀なケースを除いては、そうです。物事に関わるまえに予想しているのです。あなたが何かに関わる際に、どういうことが起こるだろうという考えはあなたの予想に導かれています。見知らぬ人に会うことになっていると想像してみてください。相手は魅力的で頭の回転が速い人だと聞いています。しかし、その人が部屋に入ってくる直前に「彼は有名な詐欺師だよ」と誰かがあなたにささやくと、状況は一変します。なぜならあなたの予想が変わってしまったからです。より深いレベルでは、あなたの予想は実際に、他の人たちがすることやいうことを形作っています。私たちは敏感に、他の人たちの予想に合わせているのです。気難しそうな人かどうか、寛大なのか自己中心的なのか、親しみやすいのか打ち解けにくいのか、などを感じます。無言の兆候によってすべての出会いは形作られます。状況が予想に反する場合、たいていは予想が間違っていたか、自分を相手に投影していたかのどちらかです。私たちは怖れ、不安、疑念、疑いを隠しもっていて、それが相手に投影されます。自分の中に実在しながらも隠されている予測が驚きを生み出します。しかし、あなたが自分の見えないところに追いやって否定してきたこれらの感情に突然気づくことは、驚くべきことではありません。

「認識」がすべてを創り出す——四つの法則④

自分は色眼鏡で状況を見ているのだろうか？

ここでの法則は「あなたが見ているように創られる」です。認識は創造的なので、最も微細なレベルの経験となります。私たちは、この世界を受動的に観察していると誤解しています。神経学者が指摘しているように、世の中のすべての性質は脳で創られています。例えば太陽光線を創りだしているのはあなたの視覚野です。太陽の放射線自体は無色で、電磁場における周波数帯域にすぎません。異なる種類の頭脳で見れば、磁力や温度、重力に彩られた世界に見えるかもしれません。生のデータは、私たちが認識できる色、光、音、質感、形、匂いなどに変換されなければならないのです。

精神世界における最も深い結論をいうと、「あなたが認識しているのは自分の創造したものだけである」となります。信じられないとしたら、この命題を逆にしてみてください。あなたは自分が認識しないものに関与することができますか？　ニュートリノ（中性微子）やガンマ線はあなたの体を通りぬけ、ホルモンの分泌量は上下し、代謝は部屋の温度や朝食で食べた物に応じて自動的に調節されています。これらの出来事は認識できないので、あなたは関与していませんね。しかしこれを魂の側面から見ると、魂はすべてを認識しているので、すべてに関与しているということになります。あなたの肝臓の中の酵素を調整するのと、今日あなたに起こる出来事や出会う人たちを調整するのと、何ら違いはありません。魂のレベルでは、認識がすべてを創造するのです。あなたが認識している石やその固さ、バスに乗っている見知らぬ人やその人が話す言葉の創造主が実は自分だなんてあり得ないと、あなたは異議を唱えるかもしれません。しかし、あなたは夢の中でそれらをコントロールしているのです。

夢は認識の領域です。夢にも景色、音、感触、味、匂いがあります。しかし、夢の中の感覚が自分と切り離されたものだと考える人はいないでしょう。自分の夢と、夢の中で起こっているすべての源は自分であることを、私たちは知っているのです。

世界中の叡智の伝統では、「外側」の現実にも同じことが当てはまると教えています。寝ている時に夢の細部まで創造している脳と、起きている時に自分の周囲の細部を創造している脳は同じなのです。あなたの精神性を飛躍的に進化させる準備ができていなければ、そうする必要はありませんが、取り敢えず「状況＝自分」であるかどうかを、試し続けてみてください。深いレベルに行くにつれ、「状況＝自分」であるということをさらに確信するようになるでしょう。

自分の「発言」に責任をもつ

責任は発言内容だけに止まらない

あなたが話す言葉は、それ自身が「出来事」です。**言葉は人に影響を及ぼすということを決して忘れてはなりません**。この責任についての説明を終わりから二番目に取っておいたのは、あなたの言葉は「思考」「感情」「認識」「人間関係」「社会的役割」を表現するものだからです。この五つすべてが関係しています。「言葉の役割は唯一、考えを伝えることである」と信じるのは間違いであると、言語学者はいっています。簡単な表現でさえ多次元なのです。例えば、声の調子からわかる色々なことを考えてみてください。話している人が幸せな気分か悲しんでいるか、関心をもっているかいないか、温厚な人か冷淡な人か、友だちか見知らぬ人か、心を開いているか閉ざしているか、応対可能かどうか、一瞬でかなり正確に見極めることができます。声の調子などの表面をかすっただけでも、です

（ラジオの長寿番組を担当した著名な精神科医は、電話をかけてきた人が名前をいうのを聞くだけで人格診断ができるといっていました）。

自分の発言に責任をもつ時、それは発言の内容だけにとどまりません。これは難しいかもしれませんが、私たちは皆、次のような発言をすることを控えています「あなたの声の調子が好きじゃない」「いったい何をいいたいの？」「本当はどういうことかわかっているよ」「あなたの言葉には裏があるね」など。思っていることが必要以上に相手にばれていることを知らされるのは嫌なものですが、相手に伝わるということを私たちは皆、知っているのです。どう感じていて、何を望み、何を隠したくて、何を相手に理解してもらいたいと期待しているか、というレベルまで、発言を通して明らかになることは当然のことです。発言する時に一緒に伝わるこのような側面に対してもリーダーは責任をもつのです。

相手の受け取り方についての二つの選択

自分の発言に責任をもつと、二つの選択肢が与えられます。自分の発言をコントロールする訓練をして、あなたが伝えたいことだけを人に受け取ってもらうようになるか、率直でいるほうがよいと受け入れ、人に好きなようにあなたの心を読み取ってもらうか、のどちらかです。二つ目の選択ではあなたの心の中が丸見えの状態になりますが、最高の選択です。なぜなら私たちがコントロールできる範囲を超えた、あらゆるすべてのことを、人々はあなたから読み取ろうとするからです。他の人たちがもつあなたの印象は、その人たち自身が創造するものです。これは避けられないことですので、**あなたはただ出来る限り、自分の光を輝かせていてください**。影の中に隠すものは、出来るだけ少なくしておいてください。曖昧で不可解な感情をわざと創りださないようにしましょう。一貫性をもった話し方にしてください。人に対して礼儀正しく振る舞い尊敬の気持ちを忘れないようにしましょう。これらは自分の言葉と、言葉が及ぼす影響に責任をもつために必要なことです。発言は魂の窓です。あなたの人生は、窓を閉じたままより開いていた方がはるかにうまくいくのです。

自分の「身体」に責任をもつ

体はあなたのすべてが投影されたもの

体を大切にすることは基本的なことなので、リストの最初にくるべきだと思うかもしれません。しかし最後にもってきたのには理由があります。あなたの体は肉体と血液で作られた機械ではありません。魂レベルから見ると、体はあなたの意識を投影したものなのです。実際、**体は移り変わる思考や感情、そして言葉よりもはるかに、あなたが誰なのかを完全に投影しています**。体はこの世界でつねにあなたを投影しているのです。一つ一つの細胞があなたの思考に聞き耳を立てています。あなたが世界に対して反応する時はいつも、細胞や臓器に影響を与えているのです。体がなければ宇宙につながることはできません。従って、体はあなたが進化するための乗り物なのです。

リーダーは誰でも状況把握をし、その状況に対応したいと思っています。当たり前のことですが、これは体がなくてはできません。しかし、あなたがどれだけ適切に対応できるかを決める要因はとても敏感なものなのです。例えば一時間睡眠が減ると、睡眠が半分に減るのとほぼ同じくらい、反射神経が鈍くなったり認識がぼやけたりします。こってりした脂肪の多い食事と一杯のワインのせいで、思考や決断が鈍ります。病気、疲労、ストレスなどで生体エネルギーが消耗すると、思考エネルギーも消耗してしまいます。思考と体のつながりは、照明器具の電源コードを壁のコンセントにつなぐようなものではありません。体の中の一兆個ものニューロンがお互いにつながり合い、そして何十兆個もの細胞につながっているのです。私たちと世界との交流も同じです。すべてのフィードバックループ（フィードバックを繰り返すことで、結果が増幅されていくこと）は、すべて体で始まり、体で終わるのです。

あらゆる経験を自分の一部にしてくれる

体があなたという存在すべての投影だとわかれば、体に責任をもつということは、スポーツジムに入会したり、ステーキの代わりに魚を注文するような選択ではなくなります。**あなたの体は食べ物、水、空気だけでなく多くの物を取り込みながら世界を代謝していると考えてみてください。**つまり、あなたの一つ一つの経験を代謝しているのです。すべての経験には食べ物、空気、水から得られるエネルギーが使われています。化学反応によって生のデータが「自分の」経験に変換されます。**目に見えるものや聞こえる音すべてを文字通り取り込むことによって、自分の一部にするのです。**かつて「外側」にあったものが今は「内側」にあります。そして細胞記憶のおかげで、長い間あなたの中にとどまることができるのです。

この観点が、健康なライフスタイルの基本を変えるというわけではありません。それは、脂肪分が少ないバランスがとれた食事、特に心臓循環器系に効果がある定期的な運動、十分な睡眠、瞑想、ストレス管理などの、お馴染みのものです。しかしこの観点によって、

体はあなたの役に立つために存在しているという単純な真実がさらにわかってくるでしょう。それでも、体は必要なものしか与えてくれません。もし体を物質の形をした意識であるとみなせば、体は意識を通じてもっとあなたに与えるものがあることは明らかです。体が軽く、輝いていて、柔軟で、エネルギッシュで、バランスがとれ、素早く反応できる時、意識からの贈り物としての体が現れているのです。これらはすべて、リーダーとして必要な特性なので、それらの特性をもつための一つの方法が、自分の体に責任をもつということです。

「なりたい自分」に責任をもつ

ここまで、自分で責任をもつべき人生の八つの領域を取り上げてきました。しかしこれらは、リーダーとしての負担にはならないことを覚えておいてください。**いったんあなたが魂に導いてもらうことに身をゆだねると、それぞれ努力なしに習得することができるでしょう。**あなたが進化するにつれて、境界が消えていきます。「思考」「体」「行動」「発言」が共に流れ始めます。そうすると、リーダーシップの技術だけではなく生活技術も習得し始めます。魂はあなたが行うすべてのことに影響を及ぼし始め、そうなると自分と魂との隔たりがなくなり、一体感に包まれるようになります。次の章では、人生がどのように全体性へと変容していくかを見ていきます。奇跡的なことが日常となり、無限の可能性に制限がなくなっていきます。しかしそれが起こるためには、あなた自身、そしてなりたい自分のすべてに責任をもたなくてはなりません。

責任のレッスン

★――魂から導くということは、自分と他の人々の進化に責任をもつということです。進化は止められない力です。その力と協力すると、自分と周りのすべての人のために役立つでしょう。

★――思考、体、人間関係、あなたが演じる社会的役割に至るまで、人生のすべての側面において、あなたの魂は継続的な進歩をもたらしてくれます。このことは人生のいかなる状況についても当てはまります。

★――精神世界の考え方では「状況＝あなた」です。すべての経験があなたの意識レベルを反映しています。内側と外側の世界は魂のレベルで統合します。責任をもつということは、突き詰めると人生のもつ全体性を受け入れることを意味します。

今日やるべきこと

「成長を妨げていないか」をチェックする

この章にはあなた自身と人々の進化を促す計画がまとめてあります。しかし、これは裏返せば「進化の力を妨げない」ということでもあります。あなたはグループの魂です。**あなたの行動は磁石のように働き、似たような行動を引き寄せます**。精神世界的にいうと、成長と拡大の衝動は止めることができない力ですが、それに抵抗して成長を阻害するということを選択することもできます。リーダーが進化に抵抗すると、グループ全体も影響を受けざるを得ません。

今日時間を取って自分自身をよく観察し、進化を阻害するような以下の行動を取っていないか確認してください。

進化を邪魔する一〇の行動

1. リスクについて思い悩む。うまくいかない可能性をいつも心配している。

2. 問題に直面したとしても向き合わない。
3. 自分の思うとおりにグループにやってもらいたいと、密かに思っている。
4. 直近に下した誤った決断とその結果に対して責任を取っていない。
5. 周りの人々を責め、自分のために言い訳をしている。
6. 賛同と安心感がほしくてたまらない。
7. 権限委譲しない。委譲してもすべての決断を自分がしっかり掌握している。
8. グループのことより自分のことを考えている。
9. 自分の側近のつねに同じメンバーからしか意見を聞かない。
10. 気がつくと嘘をついたり真実を隠したりしている。

これらは気をつけなければならない罠です。軽い場合も深刻な場合も、グループの意識を下げるからです。物理学ではエントロピーという用語を使ってエネルギーが宇宙でどのように分散するかを説明しています。**間違った行動は静かにエネルギーを奪っていくのです**。最終的には、グループが行き詰まって活気がなくなったり、まとまらなくなって対立するような事態が起こるという代償を支払わなければならなくなります。

逆に進化的な行動を取れば、魂の目的を果たし、グループの意識を上げることになるでしょう。

あなたの魂は、より大きな真実を生きていきたいという願望をあなたに与えました。具体的には、前述の進化を阻害する行動をそれぞれ逆転させる必要があります。

進化を促す一〇の行動

1. リスクに思い悩まない。よい結果にフォーカスし続ける。
2. 問題が小さいうちに向き合う。
3. 真っ先にグループの欲求に耳を傾ける。
4. 直近に下した誤った決断に責任を取り、そして手放す。
5. 他の人を責めず、自分のために言い訳をしない。
6. よい悪いに関わらず、人からの意見に影響されないようにする。
7. 権限委譲をした人たちを信頼する。
8. 奪うのではなく、惜しみなく与える。
9. すべての情報手段や優れた助言に心を開く。
10. 嘘をつきたくなった時にこそ、真実を伝えると自分自身に約束する。

進化を促す行動は無理やりにではなく、育まれるべきです。**成功している多くのリーダーたちは内なる声に耳を傾け、直観に導かれた結果として、自然に進化する方法を学んでいるのです。**悪いリーダーは破壊的な行動により失敗し、排除されます。しかし、先に挙げた行動リストは、魂のもつ進化の力と協力して、目には見えない形であなたを支援し、促進するパワーをもたらしてくれます。あなたが正しい行動をとっていると、すべてが有機的に成長し拡大する傾向をもつ進化そのものと巧みに協力し合っていくのです。

第七章

SYNCHRONICITY

シンクロニシティの法則

ちょうどよい時にちょうどよい場所に導く

どんなリーダーでも支援を必要としていますが、魂からの支援ほど力強いものはありません。魂は、神秘的な贈り物を小さなものから大きなものまで次々と届けてくれます。これは、共時性（シンクロニシティ）のなす技であり、ちょうどよい時にちょうどよい場所にあなたを導いてくれる、目に見えない知性なのです。L-E-A-D-E-R-Sの最初の六文字は意識の飛躍、すなわち魂レベルから生きるために飛躍的進化をするための準備を整えてくれました。魂の階層では奇跡は当たり前なのです。目に見えないパワーがあなたを助けにきて、あなたのビジョンを確かなものにしてくれるのです。

明確なビジョンをもったリーダー（ビジョナリー）は魂からの持続的な応援を信じているので奇跡を予期しています。これは自然で楽な生き方です。本当の自分を表現すれば、あなたが導き、尽くす人たちにも同じ道を開いてあげることができます。これから説明していきますが、シンクロニシティは決して偶然ではなく、目的をもっています。あなたの行動の動機が真実であることを実証し、あなたが魂を十分に信頼していることを証明してくれます。意識が拡大するにつれて、魂から疑う余地のない明白なメッセージを受け取るようになるでしょう。あなたはただ心を開き、受け取るだけでいいのです。

この「目に見えない力」を手に入れよう

小さな奇跡と大きな奇跡

リーダーシップに関するこの最後の側面は他よりも神秘的です。成功するリーダーには、人生で小さな奇跡が起こりますが、成功するビジョナリーには大きな奇跡が起こります。小さな奇跡とは、思いがけない幸運や、ちょうどよい時にちょうどよい場所に居合わせる、ということなどですが、大きな奇跡は全然違います。不可能なことが確実になり、高次の導きが介入し人生の方向を変えるのです。**魂は誰のためにも奇跡を生み出すことができますが、それを制限しているのは私たち自身なのです。**自分の内側の制限を取り除いてください。そうすればすべてが変わるでしょう。

魂からの導きにはほとんどの人が気づかないような支援も含まれます。神を自分の味方につけようとしている、という意味ではありません。神はすべての人の味方です。なぜなら神は、創造を組織する無限のパワーを象徴したものだからです。魂があなたをこの無限のパワーにつないでくれているものだとしたら、魂は時空間にもどんな出来事でも手配することができます。このような、魂によって手配された出来事をシンクロニシティと呼びます。「意味のある偶然」という基本的な定義は、シンクロニシティを説明するのに、本来は適切ではありません。偶然とは二つの起こりそうにない出来事をつなぐものです。例えば初対面の二人が、たまたま同じ姓で、同じ学校に行っていたというような場合です。一方、シンクロニシティは出来事を変化させ、さらなる意味をもたらします。二人が出会った時、片方の人が解決できなかった問題への答えを相手がもっている、というような場合です。このプロセスでアイデアの小さな種が与えられ、巨大なチャンスに育つのです。個人的な夢が現実になるチャンスが突然与えられるのです。

「運がいいから」のセリフに隠された真実

なぜ目覚ましい成功を収めているかを尋ねられると、リーダーたちは「運がよかった」という言い方を最も頻繁にします。自分は類まれな人生を送ってきたということに気づいていても、説明するひな形がないのです。シンクロニシティこそが正しいひな形であり、宇宙の基本的なプロセスを説明しています。あなたの体は想像できないようなシンクロニシティを頼みにして維持されています。一千億個もの脳細胞の一つひとつがそれぞれ、食べ物、空気、水を求めています。それはまるで夏の穏やかな日に、緑色をした池でゾウリムシやアメーバが自分で独り歩きしているのと同じくらいばらばらなのです。しかしどういうわけか、脳細胞は完璧に連係して働いていて、一つひとつの考えは絶妙に演出されたダンスのようなものなのです。

何十億ものニューロンが、あなたがこの文章を読むために連係しています。何らかの目に見えるシステムがニューロンをつないでいるのではありません。シンクロニシティが、ほとんど目に見えないスケールで、大きな奇跡を生み出したのです。もしシンクロニシティが大規模で起これば、事前計画なしで、地球上すべての人が同じタイミングで同じ言葉を発している、というようなことを経験するでしょう。このような出来事を偶然で説明するには不十分なのです。

シンクロニシティが起こる瞬間

まさにシンクロニシティが起こっている瞬間、宇宙があなたを愛情深く抱きしめるように包みこんでいるので、あなたは自分が本当は誰なのかということがわかります。本当のあなたは分離した孤独な存在ではありません。あなたが経験しているのは行き当たりばったりの無作為な世界ではなく、つねに最高の結果がもたらされるように出来事が組み替えられている世界なのです。リーダーたちは結果を出すことを期待されていますので、シンクロニシティが最も偉大なリーダーたちの共通の秘密であることも驚きではありません。

彼らは目に見えない力に頼り、助けてもらっているのです。あなたの個人的ビジョンを実現するのにも同じ支援が必要で、それを自分の中で育むよう学ぶことができます。**奇跡が起こるのはあなたが魂と強くつながっていることを示しています**。奇跡が起こったら、あなたの進化の過程における突然の飛躍だと思ってください。必要な時にシンクロニシティが起こるということが一度わかると、今後はつねに起こってくるでしょう。そうなれば、その恩恵を周りの人々に与えることができます。

向上——奇跡への道

奇跡を引き出す七つのステップ

奇跡を最大限に引き出すためには、あなたも使うことができる実践的なステップがあります。これらのステップに従うと、あなたはビジョナリーとして成功できます。そしてこれこそが、この本の存在目的なのです。

①シンクロニシティを当たり前のこととみなす。
②隠れたメッセージを探す。
③導かれる場所に行く。
④今ここに存在する。
⑤争いを含んだ調和を理解する。
⑥統合を促し、分裂をとどめる。
⑦「私が世界である」という新しい信念に同調する。

これらのステップのいくつかは内面のもので、古い信念や予想を変えることも含まれています。外面的なステップには、この世界でどう行動し、人と関わるかということが含まれています。

人生に偶然はない

【ステップ1　シンクロニシティを当たり前のこととみなす】

最初のステップは「シンクロニシティは異例なことだ」という信念を逆転させることです。シンクロニシティ（共時性）なしに生命は存在し得ません。生態系は見事に連係しています。例えば密封した瓶にネコを入れたとしたら酸素不足で死んでしまい、シダを入れたら二酸化炭素不足で死んでしまいます。しかしネコとシダを一緒に入れると、両方とも生き延びるのです。この精巧な相互依存を地球規模で見れば、単に生き延びるかどうかというレベルをはるかに超えたものなのです。自然はすべての生物種が繁栄し進化できる環境を提供しています。あなたは同じ生命の流れの一部なのです。**あなたをとり囲む生態系の中で、あなたは繁栄し進化するように設計されています**。人生で起こる出来事は偶然だと、多くの人がいうでしょう。確かに物質主義者の世界観では偶然がすべてを支配しており、例えば知性は人間の脳が試行錯誤を重ねた結果、たまたま発生する偶然の産物だといわれています。あなたがこの世界観を受け入れているのであれば、シンクロニシティとは興味深い偶然の一例にすぎないでしょう。

しかし、それが偶然の出来事やチャンスなどであるにも関わらず、日々の経験からわかっていることがあります。それは、意識がどこから来ているにしても、私たちは意識に頼っているということです。理論と実践は違います。私たちの人生には意味があります。高次の力が働いているという必要はありません。しかし「知性はどこにでも存在している」というほうがもっと単純なのです。例えば出会った見知らぬ人が、後にあなたの人生で大切な役割を演じることになったというような、共時的な出来事を考えてみてください。もし純粋にそれが偶然だったとしたら、確率は何千万分の一でしょう。論理的思考のオッカムの剃刀の原理（ある事柄を論理的に説明するためには、必要以上に多くを仮定するべきでないという考え方）によると、その出会いは起こるべくして起こったもので、導いてくれる知性が目に見えないところで働き、目的を果たすために出来事を起こしていると説明する方が、もっと単純なのです。世界の叡智の伝統の教えでは、この説明は一人の人の人生全体にまで及びます。成功しているビジョナリーは、自分の人生においてシンクロニシティの効果が証明されているので、この信念を取り入れているのです。

☆――ビジョナリーは大きな目的につながっていると感じています。
☆――ビジョナリーは夢が叶っている過程を経験します。
☆――ビジョナリーは祈り、そして答えを受け取ってきました。
☆――ビジョナリーは自分の人生には深い意味があると感じています。
☆――ビジョナリーは自分の内側から導かれていると感じています。
☆――ビジョナリーは意味のあるシンクロニシティに頼っています。
☆――ビジョナリーは自分の運命の道を歩いています。

これらのことが真実であると自分を納得させる必要はありません。意識が拡大すると、簡単に、そして自然に、これらのことがあなたの真実になります。真実であるだけでなく当たり前になるのです。シンクロニシティは、少数の恵まれた人だけに起こる神のえこひいきではありません。誰もが全く平等に、魂のレベルから支援されているのです。

魂との会話

【ステップ2　隠れたメッセージを探す】

今この瞬間にあなたの魂があなたにメッセージを送っているとしたら、受け取らなくてはなりません。これは人と会話をするのと何ら違いはなく、相手がいっていることを無視すると会話は終わってしまいます。多くの人の人生では、魂との会話はとても弱々しく心もとないものですが、魂からのメッセージを受け取ることができると大きな違いを生み出します。しかしその違いは、「あるもの」よりも「ないもの」で説明するほうがわかりやすいでしょう。

☆――自分は「ほったらかしにされている」「愛されていない」とは感じない。

☆――自分は孤立したり独りぼっちではない。

☆——自分の行動は、習慣や手当たり次第の衝動で決められることはない。
☆——自分の存在は、もはや不可解なものではない。
☆——自分は被害者ではない。

それぞれの文に肯定形を使うこともできます（自分は大事にされ愛されていると感じている、自分の存在には意味がある、など）。しかし魂からメッセージを受け取ることによってなくなる問題を強調したかったので前記のように表しました。変化を見逃さない一瞬一瞬があります。例えば風邪から回復した最初の日には、鼻づまりや痛みがないことに気づかずにはいられませんが、時間が経つごとにこの対比は消えていきます。これは精神的なことについても同じです。「自分は孤独だ」とか「自分は誤解されている」「この世界は安全ではない」と感じてしまう問題が以前あったとしたら、そういう感情がなくなっていることに突然気づくかもしれません。しかしほとんどの場合、気づかないうちに日々過ぎていくのです。

「隠れたメッセージを探す」とは、少し時間を取って、過ぎ去った否定的な物事に気づくということです。怖れ、疑念、脅迫観念、怒り、恨み、羨み、奮闘、外側で起こる障害、自分を批判したり非難する内なる声、トラウマ的な記憶、有害な人間関係、罪悪感、羞恥心などです。長いリストですが、私たちのほとんどは、これらについて深く考えることはめったにありません。しかし、あなたの意識が拡大するにつれて、これらの項目が着実にリストから消えていき、もっとスムーズで楽に人生を歩むことができるでしょう。それが、あなたと魂が真の会話をしているというサインです。

エゴからの解放

【ステップ3　導かれる場所に行く】

いったん魂との会話が始まると、その会話があなたをどこかに導きます。あなたは自分の道に向けて導かれているのです。しかし、もしもあなたの道案内役が沈黙していたら、自分がちゃんと耳を傾けているかどうかどうやってわかるのでしょうか？　最もわかりやすいサインは、エゴがもう思考を支配していないということです。エゴについては五章の「権限委譲の法則」で、「私が、私を、私の……」にフォーカスするエゴと、視点が「私たち」である超個人的な価値感とを比べました。**意識が拡大するにつれて、エゴはどんどん観察者としての役割になっていきます。あなたが耳を傾けなければならないエゴからの要求がどんどん減っていくのです。**

魂の導きは、「そんなに自分勝手ではいけない」とか「人のことをもっと考えなさい」

などの、指示という形でやってくるのではありません。魂は沈黙しているので、異なる方法を使います。それは古い習慣を満足できないものにしてしまうという方法で、感覚としては、それまで固い地面の上を歩いていたのに、その地面が突然あなたを支えるのをやめるようなものです。例えば、誰かがあなたを怒らせようとするかもしれません。しかし、相手に怒りをぶつけて自分の怒りを正当化する代わりに、怒りの感情がただ消えてしまうのです。導きとは、エゴとエゴにまつわる心の反応（怒り、怖れ、恨み、嫉妬、つねに人と自分を比較する欲求）が徐々に溶けていくことです。

次のような六つの段階を経て、あなたは導かれているのがわかります。

1．行き詰まる——このやり方で行動するのに慣れている。これは自分に合ったやり方だ。自分がこのように反応するのは状況のせいだ。何が問題なのだろう？「私」には何も問題はない。

2．最初の疑い——自分の反応は何かしっくりこない。後ろめたさを感じる。自分ではどうしようもないが、何とかできたらいいのに。

3．自問する——このように反応するのをやめる必要がある。そのような反応には意味がなく、もはやしっくりこない。もし自分が変わるのであれば、これらの古い習慣はなくならざるを得ないだろう。

4．変化を模索する——反応しているのが自分でわかり、やめるために最善を尽くす。他の人たちも私が変わりたいことを知っていて、助け、励ましてくれる。私のようには反応しない人たちがいることにも気づいていて、彼らのようになりたい。

5．変化を見出す——私はさらに自分の反応をコントロールできる。手放す方法も習得した。かつての自分の振る舞いにはもはや満足しない。以前の自分を、自分として認識することさえできない。

6．再統合——私は生まれ変わった。古い反応の名残はあるが、今の自分に影響を与えることはほとんどない。以前の自分を考えることもない。自分が誰かということもはっきりわかり、内側に見えている自分に満足している。

シンクロニシティは個人的、主観的に経験するものですが、この個人的変容の六つの段階を知っていると、どんなリーダーにも役に立ちます。**あなたの役割は変化を動機づけることで、あなたはその兆候に気がつかなくてはなりません。**スクルージ（小説『クリスマス・キャロル』で、守銭奴だったが精霊に導かれ一晩で心を入れ替える主人公）のような人が、突然のひらめきで悪人から善人に変わるようなことは稀にしか起こりません。実際の日常においては、スクルージは気まぐれで親切になったり、少しケチではなくなったり、新しい方向にささやかな行動を起こして、時々後戻りします。しかし変化は起こっているのです。あなたはリーダーとして、グループが一歩進むごとにそれに気づいて共感し、変化を促してください。自分をまるで未熟児の出産に立ち合う助産師のように捉えるのです。新しい命が現れてくる際のどんなに小さな兆候にも称賛の気持ちを表してください。

今この瞬間にいる方法

【ステップ4「今ここ」に存在する】

近年では、今この瞬間のパワーということが精神世界の分野で人気のある話題になっています。「今に存在する」ことには否定できない魅力があります。喜びや幸せは今この瞬間にだけ起こるものであり、過去の喜びを思い出したり未来の幸せを願っても、今それはあなたのものではないのです。しかし現在というものは捉えがたい概念であり、当然ですが「今」はほんの一瞬だけで、すぐ過去になってしまいます。

しかし、人々が完全に「今」にいる経験をすることがあります。すべての重荷から解放され、内なる光が見るものすべてを満たし、ありきたりのことが特別なものに、さえないものが素晴らしいものに変わります。しかし同時に、不安にさせるようなバランスの崩れも発生します。今この瞬間というのは自由落下のようにも感じられるもので、過去、現在、未来をつないでいてくれて、つかまるためのロープがありません。確かなものはもう何もないので、段階的に「今」に適応していくほうがいいでしょう。あなたの魂はいつも「今」にいるので「今」をつかまえる必要はありません。そもそも、つかまえることなどできないのです。馴染みのあることにしがみつこうとする自分の一部を尊重してあげてください。新しいことに心を開こうとしている自分の一部を励ましてあげてください。この過程に入るための方法を次に示します。

☆――軸がぶれないようにする。自分の中心軸を見失ったことに気づいたら、立ち止まってまた中心に戻る。

☆――自分をとりまく環境に心を開いておく。情報や印象が自由に流れ込むようにしておく。

☆――習慣化している言動に気づいたら、その自分自身を捉える。一息ついて距離をおく。反応しなくても構わない。新しい何かのために空間を残しておく。

☆――今この瞬間に感謝する。この瞬間が何を育んでいるかに注意を払う。間をとって自分が一緒にいる人たちをよく見る。

☆——もし判断、怒り、不安が自分の気分に影響を与え始めたら、抵抗しない。否定的な感情には後で注意を払うからと伝える。後で約束どおりその感情に取り組み、まだ何らかの対処が必要かどうか検討する。

☆——最高の状態を予想する。状況の中のポジティブな兆候を探す。兆候は他の人からやって来るかもしれないが、単によい感覚がその兆候かもしれない。そのよい感覚をまた感じて、気持ちを高めてもらう。

☆——過去の扉を開けない。過去を懐かしんだり、昔を思い出すのは楽しいことだが、同時に過去の悪い部分も入ってきてしまう。昔のことを思い出したら、ただ見てそのままにしておき、積極的に何もしない。

瞑想し、軸がぶれないようにすることで、ほどなく「今」を垣間見るようになるでしょう。意識をさらに拡大すると、もっと自然に、努力せずに「今」にいられるようになります。とてもわかりやすい兆候は、体が軽く感じることです。心配がない、安全に感じる、歓迎されている、光に満たされている、明るくて軽い気分、奮い立つ、というような経験はどれも「今この瞬間」からの贈り物です。そのうち、これらの瞬間は継続的な経験に統合されていきます。それが起こると「今」が永遠にあなたの「我が家」となるでしょう。

「善と悪」の争いを超越する

【ステップ5　争いを含んだ調和を理解する】

魂は争いには関与しません。何が正しくて何が間違っているかという自分の意見を主張したくなった時、その衝動を抑えることができると素晴らしい成果が得られます。この世界には間違っていることがたくさん、立ちはだかっています。しかしそれらの問題に対して、あなたが魂から行動するということはありません。精神世界的には、光と影、善と悪、創造と破壊という永遠の戦いに対処する方法は、争いを超越することなのです。

争いを超越すると、明らかに敵に見える人が、実は潜在的な味方だということがわかります。敵は味方がいなくては存在し得ません。誰かが悪者にされなければ、戦う利点がなくなってしまうのです。この考え方を受け入れるのは難しいことです。なぜなら私たちは皆、絶対的な悪は打ち負かさなければならないと思っているからです。しかし少しの間、道徳的な議論を手放し、自然がどのように機能しているかを考えてみてください。二匹の動物が、ライオンとカモシカのように捕食動物と獲物の場合、両方の動物は同じ生命循環の中に入っています。一輪のバラが咲く時には、枯れた花を堆肥に変えるカビと組み合わされているのです。カビは美しくありませんし、腐敗物はバラとは違ってひどい匂いがします。しかし、一方はもう片方なしでは存在し得ません。善悪を超えると、相反するものを含んだ大きな全体像が見えてきます。全体性は争いを含みますが、創造と破壊のバランスを保つことで、より大きな善として役に立っているのです。

凝り固まった信念を探す

【ステップ6　統合を促し、分裂をとどめる】

魂が提供してくれる機会を逃してしまう理由の一つは、あるものは受け入れられないと決めつけ、経験を事前にシャットアウトしてしまうことです。平和を好む人には、暴力を使うことは受け入れ難いでしょう。自己完結型の人にとっては、感情のコントロールができなくなることは受け入れ難いでしょう。**自分の価値システムを見てみると、「自分が決してやらないこと」リストを作ることができます。時間を少し取ってそのようなリストを作ってみてください。**完成したリストを眺めてみると、自分が抵抗している物事に実は拘束されていることに気づくことでしょう。この拘束は無意識ですが、とてもパワフルです。例えば、親から虐待を受けて育ち、自分が苦しめられた仕打ちを絶対にやらないと自分自身に宣言しているとしたらどうでしょうか？　意識的にはよい人間になりますが、無意識では虐待した親を通じて自分を限定してしまい、すべてを経験する自由に制限をかけてしまいます。

道徳的な解釈に逆らってください。人を虐待するべきだといっているのではありません。そうではなく、**開かなくてはならない自分の中の閉ざされた部分を見てください**。例えば、虐待された子供は、大人になって人を信じることがとても難しく感じます。ここでは信頼が閉ざされた部分です。「悪い」人に同情するのが難しいと感じる人もいれば、厳しい行動基準を自分自身や人に強いる人もいます。同情や寛容さ、判断しない、というメッセージが魂から来たとしても、凝り固まった信念に合わない場合はシャットアウトされてしまいます。受容ではなく抵抗があるのです。

これはもっともなことですが、**シンクロニシティの観点からは「これはよい」「これは悪い」というふうに判断して振り分けてしまうと、制限をかけてしまうことになります**。つまり容認できることしか受け取っていないのです。何がよくて何が悪いのか前もってわかっているのなら、実のところ魂は必要なくなってしまいます。あなたには凝り固まった信念体系を超えて成長しようという意図はないかもしれません。しかしそれでも、魂の本質は成長なのです。争いを含む調和を受け入れることができるよう、以下のステップを練習してください。

☆――物事を長い目で見る。過去の最悪な出来事が、自分にどのように役立ったか見てみる。現在の挫折が、今後の役に立つということを信じる。

☆——誰もがそれぞれの意識レベルによって限定されていることに気づく。自分から見たら簡単に変えられるようなことが、他の人にとっては難しいものかもしれない。

☆——誰もがそれぞれの意識レベルから最善を尽くしていることを認める。自分が強く反対することを人がしているのを認めるのは難しいかもしれないが、もう一つの視点を加えると受け入れやすくなる。それは「どんなにひどい振る舞いをしている人にも魂があり、ある段階においてポジティブな変化を強く望んでいる」ということ。

☆——自然がどのように創造と破壊のバランスを取っているかを深く追求する。妊娠、誕生、成長、成熟、衰弱は、宇宙のどの階層にも存在している。この循環の一つの側面だけに固執するのではなく、すべての側面を受け入れると決める。自分の魂は、このように現実を捉えているのだ。

☆——振る舞いのレベルにおいて必要だと感じるよい戦いであれば戦うが、対抗勢力にならないようにする。敵対者の中に何かしらよい面を見つける。敵対者に敬意を示し、争いが始まる前に交渉しようと努力する。自分さえよければいいと思っている人たちとは関わりを避ける。相手を非難すれば敵を作り、それが最終的には何よりも破壊的なこととなる。自分は勝利するかもしれないが、争いが終わった後も敵は存在し続けるだろう。

第三章のチームビルディングのところで、組織がバラバラにならないよう、違いについて折り合いをつけることの価値について説明をしました。ここではさらに深く見ていきます。あなたはチームを魂から導く役割を引き受けました。それはあなた自身が、高次の意識へと向かう個人的な旅を歩んでいるからです。魂から見ると、究極的にはあなたのビジョンはあなたが悟りを開いた時に達成されます。悟りとは正反対のものを調和させることです。**「統合」が「違い」にとって代わり、「全体性」が生きた現実になります**。その時点で、人間がもつすべての要素があなたの一部となるでしょう。

これがあなたの旅の最終地点であることがわかったら、すでに到着しているかのように行動することです。正反対のものを統合する力となってください。正反対の源はあなた自身にあります。それらは次のような典型的な反応に現れます。

□自分の中に天使と悪魔がいる。
□相反する感情がある。コミットできない。
□一緒にいる人を愛している日もあれば、全く愛情を感じない日もある。
□自尊心と無価値感の間で揺れる。

□自分は本物か偽物か？　誰かがいつか自分の正体を見破って暴露するのでは？
□自分は大人なのに、まだ子供のように無力だと感じている。
□他の人々が自分を愛しているとしたら、なぜまだ孤独を感じるのだろう？

これらは自己分裂に苦しんでいる人の信念です。自己分裂は外側の世界に投影されます。自分自身に大きな疑いをもっていると、人々を真に受け入れることができません。これは精神性に関する数少ない鉄則の一つで、その裏には大きな真実が隠されています。**あなたは自分がもっているものしか与えることができません**。もし自尊心をもっていなければ、人々の中に価値を見出すことができません。愛、思いやり、許しについても同じです。これらすべてを自分のものとすれば、人に与えることができるようになります。社会では精神的にどう成長すればいいかを教えてはくれません。従ってほとんどの人は、敵対者が繰り広げる終わりのないゲームの中で身動きが取れなくなってしまいます。実際、多くのリーダーが分裂に陥っています。その分裂がある意味リーダーに役立っているからです。多くのリーダーは敗者ではなく勝者を促進します。「勝者」には多くを望み、「敗者」には期待しません。「ライバルは打ち負かすもの」「マーケットシェアは取るもの」「弱い会社は買収するもの」とみなし、譲歩するなど不可能なことなのです。

ここで、魂から導くことはシンプルです。自分が偉大だと感じたいために誰かをけなす必要があるのであれば、やめてください。敵を必要とせずに状況を作りあげるための前向きな理由を探すことです。**自己分裂を癒せば、誰のことも悪くいう必要はないという価値観と共にあなたは輝くことができます**。「私は十分である」というのが魂のモットーであり、意識が拡大するにつれ、あなたは十分に満たされるでしょう。その地点から先は、あなたは偉大なビジョナリーの特徴である寛容や思いやりを、失墜した人たちに示すことでしょう。

すべてを受け入れる

【ステップ7 「私が世界である」という新しい信念に同調する】

これはゴールに到着する前に、そのゴールを生きるもう一つの例です。自分が世界であると信じるように育てられた人は誰もいません。この言葉自体、ほとんど理解できないように思えるかもしれません。エゴでさえこんなとんでもない誇張には恥ずかしがるでしょう。しかし「私が世界です」ということは、実は謙虚なことなのです。それは自分が生命という織物を綴る一本の糸であるという認識です。ＤＮＡの完璧なコードがすべての細胞に含まれているように、あなたの中に意識のすべての側面が含まれています。世界を構成しているものはすべて、あなたが何かを無視することを選択しない限り、あなたと共にあるのです。そのような選択は数多くありますが、すべては本人の選択なのです。

自分の民族、自分の性別、自分の国籍、自分の学歴、自分の地位など、あなたが自分に貼るレッテルの一つ一つが、何かを排除しています。**それぞれのレッテルは一つのことですが、その一つを所有することで、他の多くのことを追いやっていることになります。**他のすべての民族、国籍、教育レベル、社会的役割、異性の人たち、などです。レッテルは防衛的なものです。レッテルが、あなたに「自分ではない」ものをすべて拒否することを許しているのは偶然ではありません。自分のアイデンティティーの周りに円を描き、その外に出ないほうが、人生はより安全だと感じられるのです。

リーダーには二種類のタイプがいます。その円を守ろうとするリーダーと、円の外を見るリーダーです。最初の立場をとるほうがかなり簡単です。人は一般的に防衛なしでは不安を感じるので、円が狭ければ狭いほど安心します。二番目のタイプの役割はビジョナリーがもっているもので、さらに深い願望に語りかけます。内側では、私たちは皆、人類は一つだということを知っています。それぞれの命に、同じ喜びと苦しみが吹き込まれています。この事実を私たちは認めようとしないのですが、人間は魂からやって来ているので、このことを完全に拒否することができません。外側の世界が「自分ではない」と主張することは非現実的なのです。自分の家族、種族、民族、国籍などで自分の周りにどれだけしっかり円を描いて外側と内側を区切ったとしても、円を守ろうとした結果はより大きな安全ではなく孤立や幻影なのです。

本当の自由は円の外側にあります。**まさかつながるとは思っていなかった人々や、自分の考えとは全く違う観点や、思ってもみなかったアイデアなどが、あなたを解放し自由にしてくれます。**欲求を満たすという点では、あなた自身とグループ両方の欲求を満たしてくれます。しかし欲求とは「内側にあるスピリットを解放する」というゴールへの足掛かりでしかないのです。「私が世界です」という考え方はあなたの本質はスピリットだということを断言します。その言葉はすべてを経験したいといっています。この深い切望と同調すると、あなたは日々、魂に導かれるようになるでしょう。限界や境界線を受け入れなければならないという観念で自分をごまかすのをやめると、あなたの行く道を邪魔するものは何もありません。元来あなたは無限の可能性をもった存在なのです。

旅の終わりには、あなたは全体になります。疑いや争いを起こしていた、内面にあったすべての分裂が癒されたのです。その旅を終える日を引き延ばしても、何もよいことはありません。未知なるものはあなたを解放へと近づけてくれる磁石のようなものです。次の地平線を目指す時、あなたは自分の内側にある新しい領域に向かっているのです。新しい領域に到達するたび、魂は近くにいるという囁きが聞こえます。そしていつの日かあなたは魂と統合し、あなたの存在と永遠の存在が一つになるのです。

シンクロニシティのレッスン

★──魂から導くということは目に見えない力から支援を得るということです。自分を助けるために奇跡が起こるということを予期します。最高の結果をもたらすために魂が出来事を組織化することを信頼します。

★──シンクロニシティは神秘的なものではありません。シンクロニシティは宇宙に充満している隠れた知性の証拠です。この知性は創造の過程ですべてを調整していて、自分がそれに対して心を開けば、自分のビジョンを創造するために調整してくれるのです。

★──精神世界の用語では、それぞれのビジョナリーが個人的な旅を歩んでいます。自分が達成する一つひとつの欲求は、それが自分のためであってもグループのためであっても、解放に向けての足掛かりです。自由になった時、自分は全体になります。後で振り返ると一つひとつの奇跡が、それが大きいものでも小さいものでも、達成するために正に必要な出来事だったとわかるでしょう。

自分に貼ったレッテルをはがす

シンクロニシティは、一度それを妨げていた障害を取り除くと当たり前のように起こってきます。その障害は、自分からレッテルをはがすことによって取り除くことができます。例えば「私は○○です」という時、あなたは自分にレッテルを貼っています。どんなレッテルでも自分と同一視する度合いが強ければ強いほど、もっと自分を閉ざしてしまうでしょう。レッテルを貼ることによって、あらゆる経験を「自分ではない」というカテゴリーに入れてしまいます。実際はそれらの経験は単に自分に貼ったレッテルではないというだけなのですが、非常に異なるものと捉えてしまうのです。レッテルがなければすべての人々や物事と、もっと居心地がよく感じられるでしょう。「これらすべてが自分だ」というのが理想の生き方なのです。レッテルをはがす方法として、いくつか提案があります。

レッテルをはがすための提案

☆――自分の名前というレッテルを貼る代わりに、匿名で慈善事業に寄付する。
☆――自分の民族という枠を超え、少数民族を支援するボランティア活動に参加する。
☆――性別の枠組みを外し、虐待された女性を支援する組織に参加したり、ホームレス男性のために避難所を提供する。
☆――自分の仕事という枠を超え、ずっと格の低い仕事に時間を費やしてみる。
☆――自分のお金という枠を超え、町の最貧地区に行きボランティア活動をする。

これらの提案の多くは一般的によい行いとされていますが、一番の目的は、自分が誰かという狭い感覚を超えてもらうことなのです。レッテルを貼ったままだと、どこに行ってもそのレッテルにとらわれてしまいます。これらの提案に取り組む際には、共にスピリットを分かち合っているレベルから従事し、自分がその場面の一部になることを意図してください。自分がうまくいっているかを測る方法は、自分のレッテルをはがしながら、人々に貼っていたレッテルもはがせているかどうかです。それが起こっているように思えますか？

リーダーはグループの魂になることを目指すべきです。どんなグループであっても、いったんあなたの目にグループメンバー一人ひとりの中に魂が見えれば達成可能です。「**すべての人間は平等に創られている**」という表現では、動詞は現在形になっています。「平等に創られた」という過去形にはなっていません。**創造は今、この瞬間に起こっています**。生命は、私たちを新鮮にし、再生します。このプロセスが起こることをしっかり受け入れると、あなたにはどんなレッテルも必要ではなくなります。生命という海の一つの波になることは、十分輝かしいものなのです。

終章

魂から導くリーダーの原則

あなたの行動をチェックしてみよう

あなたの人生に目的を与えてくれる源

この本を意義深いものにするために最善を尽くした結果、限られたページ数にアイデアや演習や提案が詰まったものになりましたので、一冊の中に吸収することがたくさん含まれています。しかし、基本的なメッセージはシンプルです。**私たちの中には静かな場所があり、そこが人生に意味を与えてくれるすべての源なのです**。これが魂であり、リーダーがインスピレーションや重要な質問に対する答えを求める場所なのです。

ではあなたが魂の独特な視点から導かれているか、どうやってわかるのでしょう？　本書ではあなたがスピリットからの最高の衝動に誠実でいるかどうかわかる方法をたくさん検討してきました。そこで最後に、宇宙の源泉である「意識」のひな型として機能する、基本一〇原則をまとめました。これらの原則をあなたの行動の中に見ることができた時、自分が本当に魂の道を歩いていることがわかるでしょう。

原則①　**リーダーとリーダーに従う人々は、お互いに共同創造しています**。従う人々は欲求を示し、リーダーはそれに対処して、お互い共に上昇していきます。そうでない場合は「リーダーシップ不在」の状態となります。そのような状態に陥っている時には人々の欲求がさらに強烈なものとなって最終的に絶望に至り、搾取的で独裁的な社会になっていってしまうのです。

原則② **個人が内面から外側に向かって成長するのと同じように、グループも内面から成長します**。グループの欲求はそれがどの段階であっても、必ず満たされないといけません。グループはリーダーに対して親や保護者の役割を必要とすることもあれば、動機づける達成者の役割や、癒す役割や、精神的な指導者の役割を必要とする場合もあります。欲求は変化をあおり立てます。リーダーは内面の変化を起こすために魂のレベルから働きかけ、それが目に見える成功という形で現れるのです。

原則③ どのような状況の結果であっても、その状況の解決を見通すビジョンによって事前に定義されます。**従って内面の質が、外に現れる結果を決めているのです**。

原則④ **リーダーと従う人々が共有する対応は私たちの中に根付き、進化・発展する方向へ私たちを導きます**。魂は、どのような状況においても最高最善の結果を生み出すために、私たちの進化をどのように展開すればよいかを知っているのです。

原則⑤　**欲求は進化するために設計されています**。そしてリーダーは、グループの未来を予見し、起こってくる欲求を予測するためにこのことに気づいておかなければなりません。グループの欲求は「安全・安心」「達成・成功」「協力」「育成・所属」「創造・進歩」「道徳的価値」そして「精神的充足」へと進んでいきます。これらすべては、どの社会の人々の人生においても、長い年月をかけて進化してきた内面的、そして外面的な欲求なのです。

偉大なるパワーを永遠に手に入れる

原則⑥　**すべての欲求に対し、リーダーは正しい役割を演じなければなりません**。安全・安心への欲求には保護者、達成・成功の欲求には達成者、協力の欲求にはチームビルダー、理解されたいという欲求には育成者、創造・進歩の欲求には革新者、道徳的価値の欲求には変革者、精神的充足には賢者か予言者が求められます。この組み合わせは有機的なもので、魂は最小限の努力でどのような欲求も満たす方法を知っているのです。**この知識を直接活用できるリーダーは、外面的な目的や報酬だけを求めるリーダーをはるかに超えた、とてつもないパワーを永遠に手に入れるのです**。

原則⑦　**欲求と対応の段階を理解しているリーダーは成功します。**外面的な目的（お金、勝利、権力）だけを求めるリーダーは、従う人々の進化を導くという最も重要な領域で行き詰ります。

原則⑧　**欲求段階を上がっていくことにより、グループは啓発され、一つになったと感じます。**偉大なリーダーは人間の経験のすべての段階に精通しています。従う人々が自由、愛、精神的価値を切望していることを理解しているので、単なる物質的な報酬を超えたところにある高次の目的を掲げることを怖れないのです。しかし彼らは山頂から人々を導いているのではありません。どんなリーダーも、同時に普通の人間でもあります。高次の欲求に進む前に、安全でありたいというような低次の欲求が理解され、心から感じられ、達成されなければなりません。目の前にある課題は、心の奥底にある感情を安心して表現できる議論を行う、という小さなことであるかもしれませんし、あるいは社会全体を迫害から解放するという重大なことかもしれません。魂は人生のすべての段階を知っており、偉大なリーダーも同じことを知ることを熱望しているのです。

原則⑨　**魂から導くということは自分を惜しみなく与えるということです。**あなたは信頼、安定、思いやり、希望を提供することによって自分を惜しみなく与えます。あなたは自分に答えを求める人との人間関係に時間を投資します。あなたは心の絆を作ることを怖れず、展開してくるどんな欲求からも隠れません。一方、自分の対応に制限をかけたりエゴに執着するなどして、感情的に自分を守りたいという願望によって道を踏み外したリーダーは、結局失敗します。物質的には成功するかもしれませんが、内面的な価値が欠けた状態となるでしょう。

原則⑩　魂は無秩序から秩序をもたらします。創造的な飛躍や、想定外の答え、シンクロニシティをもたらしてくれるのです。それは、神秘からの贈り物のようなものです。**状況がどんなに複雑で混乱しているように見えても、不確実な状態でも心地よく感じることができればリーダーシップを取ることができます。**無秩序に見える裏に隠された精神性の秩序が見えれば、啓発されたリーダーは不確実性を糧にしてうまくやっていけるのです。状況とは絡み合っているものであるという事実に対処する方法を学ばなければなりません。さもなければあなたが導くグループが混乱によって機能不全となってしまいます。整理しなければならない入り乱れた欲求や対応がつねにあります。怖れと生き残り、競争と創造、信念と個性は、それぞれ求めるものが違います。私たちに聞こえても聞こえなくても各要求には声がありますが、様々な声があるように思えても、入り乱れて見える表面の裏側には一つの声しかありません。それは、すべてを理解しているスピリットの静かな囁きなのです。

私は私として私のために存在する

これらの一〇原則を「意識」のひな型だと考えてください。あなたの行動すべてに当てはめることができれば理想的です。仕事を管理したり、人々を動機づけることに関しては、どのリーダーシップのモデルでもほぼ同様に一般的な助言が含まれていますが、最も重要なことが抜け落ちています。それは「存在」の基盤に関することです。存在がすべての源なのです。存在とは純粋意識であり、創造を生み出す子宮であり、そして進化を発生させるものです。**最終的には、リーダーシップとは個人が為し得る最も究極の選択なのです。それは「存在する」という決断です。**魂の静かな領域に叡智を求める者だけが、混沌や混乱の最中で成功・繁栄することができます。そのような人は偉大なリーダーとして後世まで語り継がれるでしょう。しかし「存在すること」は誰もが生まれもった権利であり、意識は私たちの脳の中に組み込まれており、同様にスピリットの中にも組み込まれているのです。進化にはつねに新たな段階があり、そして進化は欲求により導かれています。

世界の叡智の伝統において、真理は「森全体を焼き尽くす一つの火花」と定義されています。リーダーが進んでその火花になれば、人々にはそのリーダーの中に真理が見えるでしょう。彼らは方向性を示して欲しい、自分の中の欲求を満たしてほしいと切望し、リーダーが提供するものに価値を見出します。それが、彼らが自分たち自身の中に価値を見出す最初のステップなのです。リーダーとしてあなたは自分に従う人々に、なぜ彼らをさらに高次のレベルに引き上げたかったのかという理由を話す機会があるかもしれません。しかし心の中では、あなたはそれを自分のためにやったのだとわかっていることでしょう。あなたは、自分自身の道を歩むだけで十分なのです。

訳者あとがき

「英語で世界をつなぎたい。そして素晴らしい英語の書籍や情報を日本に紹介したい」という想いが心から溢れ、宇宙にオーダーしたのが数年前。その夢が、チョプラ博士の書籍翻訳という最高の形で実現したことを大変嬉しく思っています。チョプラ博士の本に最初に出会ったのは一九九七年頃。サンフランシスコの書店で見つけた*The Seven Spiritual Laws of Success*は、それ以降、読み返すたびに新しい気づきを与えてくれる「バイブル」の一冊となりました。そしてその本の日本語訳、『富と成功をもたらす７つの法則』を二〇〇七年に出版された訳者が、今回の翻訳の機会を下さった渡邊愛子さんであったことも偶然だとは思えません。

これまでの社会システムが行き詰まり、価値観や生き方が急激に変化する中で、真のリーダーシップが求められています。経済的成功や社会的地位だけではなく、「自分は誰なのか？」「何のために生まれてきたのか？」「どう生きれば心からの満足感を得られるのか？」といった本質的な問いかけに対する答えを、多くの人が求める時代になりました。

本書は「リーダーシップは、特定の人だけでなく私たち全員に当てはまるものです。自分本来の魂の輝きを思い出し、可能性に気づき、能力を最大限に活かすことで、一人ひとりが自分の人生に責任を取り、リーダーシップを発揮していくのです。私たちは皆、深いところではつながっていて、たった一人の言動でも、社会全体に、そして地球全体に影響を及ぼしていることを自覚しておかなくてはなりません」ということが書かれてあります。私自身が読み進めるうちに、直感と理性の関係、SNSが社会に及ぼす影響、シンクロニシティの意味など、今まで漠然と感じていた「仮説」が確信に変わり、求めていた答えを得ることができました。読者の皆さまにも、人生の次のステージに進んで行くための新しい気づきやヒントを、本書を通じて見出して頂けることを心から願っています。

最後になりましたが、今回の素晴らしいチャンスをくださったボディ・マインド・スピリット代表取締役の渡邊愛子さんに心より感謝申し上げます。また、編集でお世話になった大和出版の佐藤晴美さん、色々な面でサポートをしてくださった瀧澤学園理事長・瀧澤勉さんとルームセラピスト協会代表理事・山田ヒロミさん、そして、和訳に関する的確なフィードバックとアドバイスをくれた夫の濱田和久に心より感謝いたします。

濱田　真由美

監訳者あとがき

約一〇年前に起業しようと思い立ち、自分の内側を掘り下げると「真の健康（ウェルビーイング）を伝えたい」というビジョンが出てきました。それから多くのシンクロニシティに導かれた結果、アメリカのサンディエゴでチョプラ博士と出会い、日本の窓口を務めることになって、当時、一三年ぶりの来日セミナーを開催。そのセミナー前に短期間でチョプラ博士の著作を二冊翻訳することになったり、チョプラセンターの原初音瞑想を教えることが本業になっていったり、思いがけない展開が相次ぎ起こって今に至っています。振り返ってみると、それはすべて自分の深いところから出てきたビジョンが具現化されたものだったということに気づかされます。また朝夕の瞑想を日課にしてきたことが、そのビジョンという種を純粋意識という創造の源に蒔いて日々育てていたのだということを、本著の翻訳監修にあたり深く読み込みながら改めて実感しました。

今回は五年ぶりにチョプラ博士を招聘できることになり、博士が米イリノイ州にあるケロッグ経営大学院で教えている「ソウル・オブ・リーダーシップ」という三日間の経営管理プログラムを、ワンデーセミナーとして日本で開催できることになりました。そこからまたシンクロニシティが起こり、そのプログラムの基本となる教えがまとめられている本著を日本語化できることにもなったのです。ソウル・オブ・リーダーシップはチョプラ博士が世界中の皇室・政財界のリーダーや一流企業のＣＥＯたちのメンターとして十数年に渡って助言してきた内容の集大成です。皆さまも世界のトップリーダーたちが密かに実践されている方法を取り入れ、卓越したリーダーシップを公私共に発揮されながら、素晴らしい人生を歩まれていくことを心より願っております。

おわりに、本著を推薦してくださった本田健さん、情熱的に取り組んでくださった共訳者の濱田真由美さん、今回も担当してくださった編集の佐藤晴美さん、チョプラ博士のリーダーシップセミナー実現を支えてくださったＧｉｆｔ Ｙｏｕｒ Ｌｉｆｅ株式会社の豊福公平さんとウェーブリンク株式会社の稲村徹也さんに心より感謝しております。

渡邊　愛子

THE SOUL OF LEADERSHIP
Deepak Chopra

Japanese translation rights arranged with Harmony Books,
an imprint of the Crown Publishing Group, a division of Random House LLC
through Japan UNI Agency,Inc.,Tokyo

【著者・訳者紹介】

ディーパック・チョプラ　Deepak Chopra

医学博士、米国サンディエゴのチョプラセンター創始者。心と体の医学およびウェルビーイングに関する世界的な第一人者。健康、幸福、精神性から成功法則まであらゆる分野において存在の本質レベルから解き明かす著書は70冊を超え、22冊がベストセラー。世界35カ国語に翻訳され、発行部数は2000万部を超えている。米国内科医師会フェロー、ハーバード大学医学大学院講師、コロンビア大学コロンビア経営大学院のエグゼクティブ研究者、ギャラップ社上席研究員も務める。また本書の内容をより深めた「ソウル・オブ・リーダーシップ」という3日間のリーダーシップ研修を定期的にケロッグ経営大学院にて提供している他、世界中の皇室、政財界リーダーや一流企業の経営者たちのメンタリング等も行っている。

www.chopra.com（日本語サイト：www.chopra.jp）

渡邊 愛子 Aiko Watanabe

株式会社ボディ・マインド・スピリット代表取締役。2006年よりチョプラ博士の日本窓口を務めている。日本初のチョプラセンター認定メディテーション・ティーチャー。原初音（げんしょおん）瞑想講座を提供している。訳書にディーパック・チョプラ著『あなたが「宇宙のパワー」を手に入れる瞬間』、『富と成功をもたらす7つの法則』（大和出版）、『「内なる神」とつながる方法』（講談社）がある。

www.bodymindspirit.co.jp

濱田 真由美 Mayumi Hamada

流通科学大学准教授。英語教育を通じ、英語で広がる可能性と夢を持つことの大切さを伝え、願望実現に必要な考え方・潜在意識活用法などを取り入れた授業を実践している。自分の中に可能性を見出し、本来の力を発揮できることに役立つ和・洋書の翻訳、ワークショップなどの活動にも力を注ぐ。「英語で学ぶ成功哲学」メールマガジン・FB配信中。

チョプラ博士の
リーダーシップ7つの法則《ほうそく》
"圧倒的な存在"になれる人はどこが違うか?

2014年5月29日　初版発行
2018年2月20日　2刷発行

著　者……ディーパック・チョプラ
監訳者……渡邊《わたなべ》愛子《あいこ》
訳　者……濱田《はまだ》真由美《まゆみ》
発行者……大和謙二
発行所……株式会社大和出版
東京都文京区音羽1-26-11　〒112-0013
電話　営業部03-5978-8121／編集部03-5978-8131
http://www.daiwashuppan.com
印刷所……誠宏印刷株式会社
製本所……ナショナル製本協同組合
装幀者……斉藤よしのぶ

Printed in Japan　ISBN978-4-8047-6234-0